东北亚经济发展报告

（2018）

东北财经大学东北亚经济研究院　著

中国金融出版社

责任编辑：亓　霞　任　娟
责任校对：张志文
责任印制：陈晓川

图书在版编目（CIP）数据

东北亚经济发展报告 . 2018/东北财经大学东北亚经济研究院
著 . —北京：中国金融出版社，2019.8
　　ISBN 978 - 7 - 5220 - 0252 - 1

　　Ⅰ. ①东… 　Ⅱ. ①东… 　Ⅲ. ①东北亚经济圈—区域经济合作—研究
报告—2018 　Ⅳ. ①F114.46

中国版本图书馆 CIP 数据核字（2019）第 187887 号

东北亚经济发展报告（2018）
Dongbei-ya Jingji Fazhan Baogao（2018）
出版
发行　**中国金融出版社**

社址　北京市丰台区益泽路 2 号
市场开发部　（010）63266347，63805472，63439533（传真）
网 上 书 店　http://www.chinafph.com
　　　　　　（010）63286832，63365686（传真）
读者服务部　（010）66070833，62568380
邮编　100071
经销　新华书店
印刷　北京市松源印刷有限公司
尺寸　169 毫米 ×239 毫米
印张　14.5
字数　166 千
版次　2019 年 8 月第 1 版
印次　2019 年 8 月第 1 次印刷
定价　50.00 元
ISBN 978 - 7 - 5220 - 0252 - 1
如出现印装错误本社负责调换　联系电话（010）63263947

前　言

　　东北亚地区资源丰富、基础雄厚，具备明显的经济发展优势；与此同时，东北亚地区各国发展模式和水平不尽相同，合作空间巨大。为了反映东北亚经济发展状况，分析预测东北亚经济发展趋势，提出相应的意见和主张，我们组织撰写了《东北亚经济发展报告（2018）》（以下简称报告）。

　　一、报告以东北亚地区为主要研究对象，将东北亚地区界定为日本、韩国、蒙古国、朝鲜、俄罗斯西伯利亚和远东地区（简称俄西远或俄西远地区）以及中国的东北三省。报告比较详尽地收录了2017年度东北亚地区经济、社会各方面的统计数据，反映了东北亚地区经济和社会发展的基本情况，分析了东北亚区域经济合作的可能性并提出了相关建议。

　　二、报告分为主报告和分报告两个部分。主报告分为四章，内容涵盖东北亚的经济地位、东北亚经济形势分析、东北亚经济发展的评价与建议、东北亚经济发展的展望。分报告包含日本、俄罗斯的西伯利亚和远东地区、韩国、蒙古国、朝鲜以及中国的东北三省的经济发展报告。

　　三、报告所使用的数据说明：（1）主要国家和地区的大部分数据经过国际组织的调整，口径基本可比；（2）一些国家和地区的最新数据是初步数或估计数；（3）本篇数据主要取自有关国际组织的数据库，年报、月报和图表均附有数据来源，参考资料中同步注明；（4）一些数据的合计数或相对数因受进位的影响，不一定等于分项累计数；（5）"空格"表示无该项统计数据或该项统计数据不详；（6）度量衡单位均采用国际统一标准计量单位。

四、报告由东北财经大学东北亚经济研究院王洪章、杜金富、周天勇、杨成义及房爱卿、施锦芳等集体讨论，由课题组集体完成。课题组负责人为杜金富，主报告负责人为陈蕾，分报告撰写者为陈蕾（朝鲜）、徐晓飞（蒙古国、中国东北三省）、刘雯（韩国）、陈海林（俄罗斯西伯利亚和远东地区）、王静和康鸿（日本）。

目　录

主　报　告

2018 年东北亚经济发展报告

◎ 课题组

1 东北亚地区的经济地位

东北亚地区的人口和土地分别占亚洲的 7% 和 32%，占世界的 5% 和 10%，但国内生产总值（GDP）却占亚洲的近 30%，占世界的 11%；出口贸易总额占亚洲的 19%，占世界的 7%；国际投资占亚洲的 29%，占世界的 11%；国际储备占亚洲的 23%，占世界的 15%；人均收入超过亚洲和世界平均水平。东北三省经济存在较大潜力。

1.1 GDP

2017 年，东北亚地区 GDP 总额为 8.57 万亿美元（其中，日本占 71.9%，俄西远占 2.7%，韩国占 15.7%，蒙古国占 0.1%，朝鲜占 0.2%，东北三省占 9.4%），占亚洲 GDP 的 29.76%，比上年下降 0.8 个百分点；占世界 GDP 的 10.7%，比上年下降 0.12 个百分点。

1.2 人口、就业和收入

东北亚地区人口为 3.41 亿人（其中，日本占 37.3%，俄西远占 7.5%，韩国占 14.9%，蒙古国占 0.9%，朝鲜占 7.5%，东北三省占 31.9%），占亚洲人口的 7.58%，占世界人口的 4.52%。

东北亚地区失业率为 3.1%（其中，日本为 2.8%，俄西远为 5.2%，韩国为 3.7%，蒙古国为 6.4%，朝鲜为 3.3%，东北三省为 3.85%），比亚洲高 0.9 个百分点；比世界平均水平低 0.6 个百分点。

东北亚地区人均年收入为 13473.21 美元（其中，日本为 44850 美元，俄西远为 5577 美元，韩国为 28380 美元，蒙古国为 11100 美元，朝鲜为 683 美元，东北三省为 3451.25 美元），比亚洲平均高 10779.54 美元，高 164 个百分点；比世界平均水平高 446.39 美元，高 2.64 个百分点。

1.3 土地

东北亚地区土地面积为 1426.97 万平方公里（其中，日本占 2.6%，俄西远占 79.3%，韩国占 0.7%，蒙古国占 11%，朝鲜占 0.9%，东北三省占 5.5%），占亚洲土地面积的 32.01%，占世界土地面积的 10.57%。

1.4 进出口贸易总额

2017 年，东北亚地区进出口贸易总额为 31821.32 亿美元（其中，日本占 53.7%，俄西远占 2%，韩国占 39.1%，蒙古国占 0.3%，朝鲜占 0.2%，东北三省占 4.7%），占亚洲的 18.77%，比上年下降 0.19 个百分点；占世界的 7.07%，比上年上升 0.02 个百分点。

其中，出口贸易总额为 16579.03 亿美元（其中，日本占 52.7%，俄西远占 3.1%，韩国占 40.1%，蒙古国占 0.4%，朝鲜占 0.1%，东北三省占 3.6%），占亚洲的 18.97%，比上年下降 0.01 个百分点；占世界的 7.27%，比上年上升 0.07 个百分点。进口贸易总额为 15242.29 亿美元（其中，日本占 54.8%，俄西远占 0.8%，韩国占 38%，蒙古国占 0.3%，朝鲜占 0.2%，东北三省占 5.8%），占亚洲的 18.55%，比上年下降 0.37 个百分点；

占世界的 6.88%，比上年下降 0.01 个百分点。

1.5 国际投资

2017 年东北亚地区国际投资总额达 3055.23 亿美元（其中，日本占 55.9%，俄西远占 21.3%，韩国占 15.9%，蒙古国占 0.5%，朝鲜近乎于 0，东北三省占 6.2%），占亚洲的 29.43%，比上年上升 2.47 个百分点；占世界的 10.68%，比上年上升 2.15 个百分点。

1.6 国际储备①

东北亚国际储备为 19007.7 亿美元（其中，日本占 64.8%，俄西远占 3.6%，韩国占 20.5%，蒙古国占 0.2%，东北三省占 10.9%），占亚洲的 22.85%，比上年下降 6.43 个百分点；占世界的 15.01%，比上年下降 0.64 个百分点。

1.7 东北三省经济在中国经济中的地位

东北三省地区生产总值为 54256.45 亿元（其中，辽宁占 43.15%，吉林占 27.54%，黑龙江占 29.31%），占全国 GDP 的 6.6%。辽宁排在第 14 位，吉林排在第 23 位，黑龙江排在第 21 位。

东北三省人口为 1.09 亿人（其中，辽宁占 40.17%，吉林占 23.98%，黑龙江占 35.85%），占全国人口的 7.82%。辽宁排在第 14 位，吉林排在第 21 位，黑龙江排在第 17 位。

东北三省失业率为 3.85%（其中，辽宁为 3.8%，吉林为

---

① 无朝鲜国际储备数据。

3.5%，黑龙江为 4.2%），比全国失业率高 0.15 个百分点。辽宁排在第 25 位，与全国失业率持平；吉林排在第 23 位，失业率较全国平均水平低 0.3 个百分点；黑龙江排在第 31 位，比全国失业率高 0.4 个百分点。

东北三省年人均收入为 23909.84 元（其中，辽宁为 27835.44 元，吉林为 21368.32 元，黑龙江为 21205.79 元），比全国平均水平低 2064.16 元。辽宁排在第 8 位，比全国平均水平高 1861.44 元；吉林排在第 18 位，比全国平均水平低 4605.68 元；黑龙江排在第 19 位，比全国平均水平低 4768.21 元。

东北三省土地面积为 78.78 万平方公里（其中，辽宁占 18.52%，吉林占 23.75%，黑龙江占 57.73%），占全国土地面积的 8.2%。辽宁排在第 21 位，吉林排在第 13 位，黑龙江排在第 6 位。

东北三省投资增速为 2.8%（其中，辽宁为 0.1%，吉林为 1.4%，黑龙江 6.2%），比全国投资增速低 3.2 个百分点。辽宁排在第 25 位，吉林排在第 18 位，黑龙江排在第 21 位。

东北三省消费增速为 5.3%（其中，辽宁为 3.1%，吉林为 5.8%，黑龙江为 7.8%），比全国消费增速低 1.4 个百分点。辽宁排在第 8 位，吉林排在第 16 位，黑龙江排在第 17 位。

东北三省进出口贸易总额为 1370.89 亿美元（其中，辽宁占 72.65%，吉林占 13.53%，黑龙江占 13.82%），占全国进出口贸易总额的 3.3%。辽宁排在第 9 位，吉林排在第 23 位，黑龙江排在第 22 位。

2 东北亚地区经济形势分析

2017 年东北亚地区经济总体呈现增长缓慢、物价涨幅较低、失业率下降、对外贸易投资增长加快的态势。

2.1 GDP

2017 年，东北亚地区 GDP 实现了 2.09% 的增长（其中，日本为 1.73%，俄西远为 1.5%，韩国为 3.06%，蒙古国为 5.07%，朝鲜为 −3.48%，东北三省为 3.4%），低于亚洲 4.67% 和世界 3.07% 的年均增长率。投资增速为 2.43%（其中，日本为 0.35%，俄西远为 1.59%，韩国为 1.9%，蒙古国为 44.29%，东北三省为 2.8%）[①]。消费增速为 2.03%（其中，日本为 −1.99%，俄西远为 1.45%，韩国为 4.74%，蒙古国为 −9.11%，朝鲜为 3.43%，东北三省为 5.8%）。进出口净值增速为 9.43%（其中，日本为 7.82%，俄西远为 2.7%，韩国为 17.5%，蒙古国为 −49.56%，朝鲜为 3.5%，东北三省为 11.3%）。

总体来看，2017 年随着世界经济复苏，国际市场回暖且外部需求改善，在投资回升、制造业产出增长等因素作用下，世界贸易实现强劲增长。东北亚地区受上述原因影响，经济总体上实现了比较稳定的增长，这主要受益于"三驾马车"的合力拉动。

从各经济体的表现来看，除朝鲜之外，其他经济体均实现了

---

① 无朝鲜投资数据。

一定程度的增长。其中，韩国经济受到国际贸易增长的拉动，创下了 2012 年以来经济增长率的新高；蒙古国较好地应对了资本外流对国民经济和社会的冲击①，经济企稳向好，实现了高于亚洲和世界平均水平的增长；俄西远地区抵御了俄罗斯遭受经济制裁和投资环境恶化的影响，随着其出口增加和内需转强，实现了一定幅度的增长；东北三省则受到中国经济稳定增长和国内供给侧改革红利的带动，也实现了一定程度的增长。

2.2 CPI

东北亚地区消费物价指数（CPI）为 105.7%（其中，日本为 1.14%，俄西远为 –1.4%，韩国为 2.16%，蒙古国为 6.7%，东北三省为 –0.13%），比上年提高 1.12 个百分点。工业生产者出厂价格指数（PPI）为 102.34%（其中，日本为 4.3%，俄西远为 3.4%，韩国为 3.4%，蒙古国为 25.6%，东北三省为 9.6%），比上年提高 4.65 个百分点。广义货币（M_2）增长率为 8.8%（其中，日本为 4.01%，俄西远为 8.52%，韩国为 5.1%，蒙古国为 10.05%，东北三省为 8.1%），比上年降低 9.86 个百分点。②

总体来看，虽然国际货币基金组织（IMF）发布的主要商品价格指数在 2017 年有所下降，但受个别原材料价格上涨及季节性价格波动的影响，东北亚地区的 CPI 实现了 1.12% 的温和增长；受到经济复苏的影响，PPI 也出现一定幅度的增长。东北亚地区 CPI 和 PPI 的发展趋势与世界发展趋势基本一致。PPI 的增势也意味着未来东北亚地区的制造业活动将加强。此外，东北亚地区 M_2

---

① 博鳌亚洲论坛. 亚洲竞争力 2018 年度报告 ［R］. 2018.
② 缺乏朝鲜 CPI、PPI 和 M_2 的相关数据。CPI 数据以 2010 年为基期；俄西远地区和中国东北三省 M_2 的数据使用的是俄罗斯和中国的国家数据。

实现了8.8%的增长，增长率有所放缓。

从各个国家的表现看，在能源等国际大宗商品价格上涨带动下，日本CPI较上年增长了1.14%，长期存在的通货紧缩局面有了一定的改善；韩国受季节性因素导致个别商品价格上涨的影响，总体通货膨胀率上升，PPI强劲反弹；俄西远地区受市场消费价格涨幅趋缓的影响，全年总体价格水平平稳，通货膨胀率延续了下降的趋势。

2.3 就业与收入

2.3.1 就业

2017年，东北亚地区失业率为3.1%（其中，日本为2.8%，俄西远为5.2%，韩国为3.7%，蒙古国为6.4%，朝鲜为3.3%，东北三省为3.85%），比上年降低0.37个百分点，[①] 低于亚洲的3.6%和世界的5.1%。

总体来看，由于经济向好，各个经济体失业率均较上年有所下降，使东北亚地区整体失业率低于上年的水平。从各个国家的情况看，日本就业状况得到大幅改善，整体就业形势较为乐观，失业率为各经济体中最低，这一方面可能是申奥成功直接推动了大规模基础设施的翻新与重建，另一方面也得益于近年来劳动力资源得到进一步的充分利用；由于就业岗位数量减少及适龄劳动力人数降低，俄西远失业率较上年有所下降，但仍为东北亚经济体中失业率最高水平；韩国受其国内青年人口数量大幅增加的影

---

① 日本、韩国、蒙古国、朝鲜、亚洲和世界的失业率数据来源于国际劳工组织数据库（https://www.ilo.org），俄西远的数据来源于俄罗斯联邦统计局，东北三省的数据来源于中国国家统计局。

响，青年失业率高达 9.8%，失业率水平略高。

2.3.2　收入

2017 年东北亚年人均收入为 13473.21 美元（其中，日本增长 -1.05%，俄西远增长 1.14%，韩国增长 0.12%，蒙古国增长 -8.67%，朝鲜增长 0.21%，东北三省增长 0.5%），较上年下降了 0.67%。

总体来看，东北亚地区的人均收入水平增速有所下降，高于亚洲平均水平（6569 美元），但仍略低于世界平均水平（16902.15 美元）。各主要经济体之间的人均收入水平差距较大。按照世界银行的划分，日本和韩国属于高收入国家，蒙古国属于中低收入国家，朝鲜属于低收入国家，俄罗斯和中国属于中高收入国家，但是俄西远和东北三省受其地区经济发展的影响，人均收入并未达到中高收入国家（地区）的平均水平。

从主要经济体的人均收入情况看，蒙古国的人均收入差距显著，采矿行业收入较高，牧民比较贫困，蒙古国当年人均收入下降幅度为东北亚地区之最，很大原因是受到国际市场矿产品价格下跌的影响；俄西远人均收入增幅为主要经济体之最，这在很大程度上受到俄罗斯国家经济增速由负转正、整体向好的影响；韩国人均实际收入有所上涨，从收入结构来看，收入增加主要来自企业运营利润的增加和国内企业支付股息的倾向提高。

2.4　国际贸易与投资

2.4.1　国际贸易

2017 年，东北亚地区对外进出口贸易总额较上年增长了

10.74%（其中，日本增长了9.28%，俄西远增长了24%，韩国增长了12.6%，蒙古国增长了27.3%，朝鲜增长了－15.1%，东北三省增长了15.25%），比上年提高15.2个百分点。

受全球经济回暖和外需强劲的影响，东北亚地区实现了进出口贸易额的增长，且增速明显提升。大宗商品价格的回升带动俄罗斯等油气和原材料出口国出口贸易的强劲回暖；受到国际制裁的影响，朝鲜为主要经济体中唯一出现进出口贸易额负增长的国家，其中朝鲜对中国的贸易额下降了近10%为主因之一；受到国际市场和东北亚地区需求旺盛的影响，日本、韩国、蒙古国和中国东北三省的进出口贸易总额都实现了一定程度的增长。

2.4.2　国际投资

2017年，东北亚地区国际投资增长了8.03%（其中，日本增长了13.01%，俄西远增长了12.14%，韩国增长了0.31%，蒙古国增长了－62.87%，朝鲜增长了－31.52%，东北三省增长了－16.63%），比上年降低了7.34个百分点。

2017年，东北亚地区的国际投资流量实现了一定程度的增长，这主要得益于日本和俄西远受到鼓励对外直接投资和鼓励吸引外资政策的影响而实现的国际投资的增长；但是从增速上看，除蒙古国和朝鲜由于对外直接投资净流入的增加而实现了增速的提升外，其他经济体增速均有所放缓，使地区整体增速有所下降。

2.5　东北亚地区间的贸易与投资

2.5.1　东北亚主要国家间的贸易

2017年，东北亚地区主要国家之间的货物贸易总额达

14487.38 亿美元，比上年增长了 13.48%。

东北亚地区进出口贸易总额占该地区对亚洲贸易总额的 16.73%（其中，进口占 40.56%，出口占 36.27%），比 2016 年提高了 0.36 个百分点；占该地区对世界贸易总额的 11.08%（其中，进口占 24.41%，出口占 18.56%），比上年提高了 0.22 个百分点。

其中，东北亚地区对亚洲的出口额为 19969.14 亿美元（同比增长 9.06%），从亚洲进口额为 17858.42 亿美元（同比增长 13.52%），顺差为 2110.72 亿美元（同比降低 18.16%）；东北亚地区对世界的出口额为 39022.98 亿美元（同比增长 10.5%），从世界进口额为 29676 亿美元（同比增长 14.21%），顺差为 9346.98 亿美元（同比增长 0.17%）。

总体来看，2017 年东北亚地区各个经济体之间的贸易额实现了大幅增长，这与全球贸易的复苏和回暖有着很大的关系。从占对亚洲和世界贸易的比重看，东北亚地区贸易总额占其对亚洲贸易的不足 1/5，占其对世界贸易的约 1/10。此外，从贸易平衡上看，东北亚地区整体对亚洲和世界的贸易都实现了顺差，这主要得益于除朝鲜外其他主要经济体的贸易表现。但是，东北亚地区从亚洲进口的增速高于其对亚洲出口的增速，这也导致东北亚地区 2017 年对亚洲贸易顺差较上年降低了近两成；对世界的出口与进口情况同样出现了进口增速大于出口增速的局面，使东北亚地区对世界净出口额增长幅度较小。

2.5.2 东北亚五国①与我国的贸易与投资

2.5.2.1 东北亚五国与我国的贸易

2017 年，东北亚五国与我国的贸易总额增长 10.13%（其中，日

---

① 包括日本、俄罗斯、韩国、蒙古国、朝鲜。

本增长 10.17%，俄罗斯增长 20.98%，韩国增长 14.2%，蒙古国增长 35.75%，朝鲜增长 -15%），比上年提高了 14.87 个百分点。

对日本的出口以机械和运输设备为主，占 44.57%，其次是其他制成品，占 26.79%；进口以电话机类商品为主，占 25.6%，其次是机械类商品，占 20.9%。逆差为 5 亿美元。

对俄罗斯出口以机电产品为主，占 52.98%，其次是轻工业制品，占 20.3%；进口以矿产品为主，占 70.5%，其次是木制品，占 8.7%。顺差为 91.2 亿美元。

对韩国的出口以机械和运输设备为主，占 48.09%，其次是其他制成品，占 15.89%；进口以电子集成电路产品为主，占 24.76%，其次是 LCD 产品，占 6.86%。逆差为 748.5 亿美元。

对蒙古国的出口以机械和运输设备为主，占 40.5%，其次是矿物油和润滑剂，占 11.32%；进口以铁矿石（铁矿砂）为主，占 41.5%，其次是铜矿粉，占 30.61%。逆差为 38.6 亿美元。

对朝鲜的出口以电器设备及零部件为主，占 10.3%，其次是机械设备，占 7.6%；进口以服装及其装饰产品为主，占 28.7%，其次是矿物燃料和矿物油，占 24.3%。顺差为 19.5 亿美元。

2.5.2.2　东北亚五国与我国的投资

东北亚五国对我国的投资增长 11.6%（其中，日本增长 15.9%，俄罗斯增长 -67.5%，韩国增长 12.8%），比上年提高了 36.3 个百分点。

我国对东北亚五国的投资增长 14.41%，比上年下降 13.5%。

我国对日本的投资增长 -6.8%（其中，直接投资增长 931.1%，间接投资下降 7.5%），日本对我国的投资增长 34.8%

（其中，直接投资增长 15.9%，间接投资增长 43.9%）。[1]

我国对俄罗斯的直接投资增长 19.7%[2]，俄罗斯对我国的直接投资下降 67.5%。

我国对韩国的投资增长 30.5%（其中，直接投资降低 42.46%，间接投资增长 33.8%），韩国对我国的投资增长 18.8%（其中，直接投资增长 12.8%，间接投资增长 56.3%）。

我国对蒙古国的直接投资降低了 135.25%。

我国对朝鲜的直接投资降低了 95.46%。

2.6 东北三省经济发展形势

东北三省的地区生产总值增长 3.4%（其中，辽宁增长 5.2%，吉林增长 1.1%，黑龙江增长 3.2%），比上年提高 12.75 个百分点。投资增长 2.22%（其中，辽宁增长 4.6%，吉林增长 -1.7%，黑龙江增长 4%），比上年提高 14.64 个百分点，对地区生产总值的贡献度为 55%。消费增长 4.96%（其中，辽宁增长 4.77%，吉林增长 4.18%，黑龙江增长 5.66%），比上年提高 2.43 个百分点，对地区生产总值的贡献度为 54.74%。净贸易额增长 11.3%（其中，辽宁增长 15.24%，吉林增长 11.41%，黑龙江增长 -11.27%），比上年提高 55.84 个百分点，对地区生产总值的贡献度为 -9.74%。

CPI 为 101.4%（其中，辽宁为 101.4%，吉林为 101.6%，黑龙江为 101.3%），比上年降低 0.13 个百分点。PPI 为 106.8%（其中，辽宁为 108.1%，吉林为 103.1%，黑龙江为 109.3%），比上年提高 9.6 个百分点。

---

[1] 数据来源：Wind 数据库。

[2] 中华人民共和国商务部. 中国对外投资发展报告（2018）[R]. 2018.

失业率为 3.85%（其中，辽宁为 3.8%，吉林为 3.5%，黑龙江为 4.2%），与上年持平。年人均收入增长 6.9%（其中，辽宁增长 6.9%，吉林增长 7%，黑龙江增长 6.9%），比上年提高 0.5 个百分点。

3 对东北亚地区经济发展的评价与建议

3.1 对东北亚地区经济形势的评价

随着经济全球化进程的日益加快，建立在地缘关系基础上的区域间经济与合作日益增强，东北亚地区在亚洲和全球经济发展中扮演着重要的角色，同时也是全球最具发展潜力的区域之一。东北亚地区既有经济发达的日本、韩国，也有中国、俄罗斯等新兴经济体，还有蒙古国和朝鲜等经济发展水平较为落后的国家。各国（地区）无论是自然资源条件还是经济发展水平都体现出明显的差异，具备较强的互补性和较为广阔的合作空间。

3.1.1 经济企稳回升，但增长速度较为缓慢

总体来看，2017 年，受世界经济回暖的影响，东北亚地区 GDP 总额约占亚洲的 1/3，占世界的 1/10，实现了 2.09% 的增长。从 GDP 的增速来看，东北亚地区的增速低于亚洲平均水平 2.58 个百分点，低于世界平均水平 0.98 个百分点。从世界主要区域经济组织的对比来看，东北亚地区在经济增长速度上明显落后于其他区域经济组织（见图 1）。

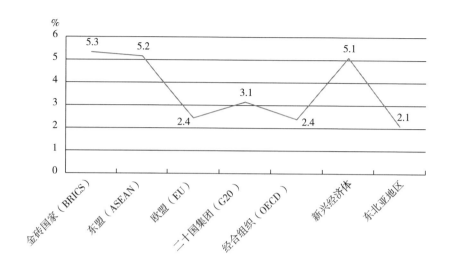

数据来源：联合国贸易和发展会议（UNCTAD）发布的《世界投资报告（2018）》、博鳌亚洲论坛发布的《新兴经济体发展报告（2018）》、UNCTAD 数据库。

图1 2017年主要区域经济组织经济增长率

3.1.2 各经济体经济发展水平不一，两极分化严重

从各经济体的经济发展情况看，日本和韩国两国 GDP 占东北亚地区 GDP 的比重达 87.6%，中国东北三省占比不足 10%，蒙古国、朝鲜和俄西远地区总额占比仅为 3%，经济发展水平悬殊。从经济增长速度看，日本和俄西远地区经济增速较低，甚至低于东北亚地区的平均水平；蒙古国、中国东北三省和韩国增速较高，表现出了一定的经济增长潜力；朝鲜则成为东北亚地区唯一出现负增长的经济体。无论是经济发展水平还是增速，都出现了比较显著的两极分化现象，但一定程度上也反映出该地区经济发展的多样化，存在一定的互补和合作空间。

3.1.3 地区整体通货膨胀得到较好的控制，个别国家存在通货膨胀压力

2017 年东北亚地区整体的 CPI 相比 2016 年增长了 1.12%，通货膨胀率较低。其中，俄西远地区和中国东北三省的 CPI 出现了下降。日本和韩国的 CPI 略有上升，但通货膨胀的压力并不是很大。蒙古国的 CPI 较上年则有较大幅度的上升，增长率达 6.7%，存在通货膨胀的压力。此外，从 PPI 的变化上看，东北亚地区整体增长率为 4.65%，但是蒙古国 PPI 增长率达 25.6%，进一步昭示着其通货膨胀压力的上行趋势。

3.1.4 就业情况比较稳定，人均收入增速放缓且地区内收入悬殊

从就业情况看，东北亚地区的失业率总体上低于世界平均水平，且失业率水平呈下降趋势，所有经济体的失业率均比上年有所下降，地区整体失业率下降幅度超过亚洲和世界平均水平，体现出较为稳定的就业形势。

从人均收入来看，受日本和韩国人均收入水平的拉动，东北亚地区人均收入水平高于亚洲和世界平均水平。与其他经济集团相比，东北亚地区的人均收入虽低于 OECD（38756.63 美元）和欧盟（33883.24 美元），但高于 G20（14564.93 美元）、BRICS（5902.73 美元）和 ASEAN（4235.08 美元）。区别于其他经济集团人均收入上涨的趋势，东北亚地区人均收入出现了负增长。此外，东北亚地区主要经济体之间的人均收入差距非常大，人均收入最高的国家（日本）是最低国家（朝鲜）的 65 倍。

3.1.5 国际贸易稳中回升，国际投资逆势增长

2017 年，东北亚地区总贸易额在亚洲和世界的占比分别为 18.77% 和 7.07%，与上年相比变化幅度不大，同时实现了 10.74% 的增长率。所有经济体中，除朝鲜贸易因受到国际制裁而大幅缩水之外，其余经济体均实现了不同程度的增长。此外，东北亚地区各经济体之间的贸易也在稳步增长。

从国际投资的情况看，2017 年全球外国直接投资流量减少了 23%，发达国家和转型期经济体的跨境投资均呈现大幅缩减①。受此影响，东北亚地区国际投资的增速也出现了下降，但是国际投资总额实现了 8.03% 的增长。东北亚地区国际投资额占亚洲和世界的比重分别为 29.43% 和 10.68%，较上年均有所增长。从各经济体的表现看，伴随着亚洲发展中国家成为世界上接受外国直接投资最多的地区，蒙古国成为东北亚地区国际投资增长率最高的经济体。

3.2 对东北亚地区经济政策的评价

2017 年，伴随着全球经济发展的新形势，东北亚地区的经济政策与其他经济体的目标一致：一方面，旨在通过结构性改革提高生产率，特别是在人口老龄化和劳动力参与率不足的情况下，保证促进潜在产出的增长；另一方面，旨在通过积极的财政政策强化财政支持，提高抵御风险的能力，包括实施积极的金融监管、在必要时修复资产负债表和加强财政缓冲等。

东北亚地区各经济体经济发展水平不一，使各经济体的经济

---

① 资料来源：UNCTAD 发布的《世界投资报告（2018）》。

政策存在一定的差异。但是，经济政策总体方向上的一致性也使东北亚地区内部经济体之间的联系更加紧密。

3.2.1 财政政策

2017 年，全球财政政策表现出较为明显的不确定性，东北亚地区各经济体均采取积极的财政政策以对抗这种不确定性，进而为经济社会发展注入确定性，减少经济领域的各种风险。从前文的分析可见，东北亚地区失业率整体偏低且存在下降趋势，通货膨胀压力整体较低，因此各国总的财政政策均侧重于中期目标。

经济较发达的经济体，如日本和韩国，其财政政策更多地是通过加大公共投资力度，提高潜在产出；采取措施提高劳动力参与率，同时确保公共债务动态可持续，减少过度的外部失衡。此外，为避免对经济增长的拖累，财政政策重点转向提高公共卫生和教育质量、保护弱势群体等方面。

新兴经济体国家，如俄罗斯和中国，其财政政策更加突出积极性和有效性。由于俄罗斯对大宗商品依赖性较强，财政政策受重建缓冲的必要性影响进一步受到制约。2017 年以来，我国财政政策呈现从"积极"到"积极有效"、从"需求侧总量"调控到"供给侧结构性"调控的新特征，通过减税降费政策，进一步减轻了企业负担；注重发挥"结构性"优势，提高了支出的有效性和精准度。

低收入国家，如蒙古国和朝鲜，面临着尤为复杂的政策挑战，其财政政策制定的目标有时相互冲突：既要保证实现经济多样化，又要保证提高潜在产出以持续在"实现可持续发展目标"方面取得进展；既要保证提高抵御风险能力，又要应对居高不下的负债水平，特别是蒙古国等在大宗商品价格前景疲软环境下依赖大宗商品的经济体。政策举措应继续侧重于扩大税基、提高收入、改善债务管理、减少针对性不高的补贴，以及将支出转向可提高潜在增长能力和提高人民生活水平的领域（基础设施、健康和教育）。

3.2.2 货币政策

从广义货币投放上看，2017 年投放数量较上年增加了 8.8%，但增速较上年有所放缓。除朝鲜数据不详外，其余主要经济体广义货币投放总额均实现了增长。总体来看，东北亚地区各经济体的货币政策紧紧围绕着经济发展的需要，货币政策整体稳定中偏向宽松。

对于东北亚地区比较发达的日本和韩国而言，两国面临的情形不尽相同。日本自安倍政府执政以来，一直在推行量化宽松的货币政策，并以通货膨胀率为目标来制定其货币政策，日本国内的 M_2 增长率自 2010 年以来持续上升，2017 年较上年增长了 9.73%，但是增速较上年出现明显下降。由于仍然存在产出缺口，且通货膨胀低于中央银行目标水平，未来日本将继续实施量化宽松的货币政策。2017 年韩国广义货币供应量增速相比 2016 年下降了 2.02%，由于人均收入和价格压力较低、失业率较低且呈下降趋势，可进一步采取谨慎的、以数据为支撑的货币政策正常化路径并加快政策正常化的速度。

新兴经济体中，俄罗斯 2017 年广义货币投放的增速较 2016 年进一步加快，增长了 5.38%。其余经济体的广义货币供应量增速均较上年有所放缓。中国广义货币供应量余额同比增长率达 8.2%，金融体系对内部杠杆的抑制作用已初见成效；但是，广义货币供应量同比增速呈现逐步走低的趋势，增速与上年相比降低了 2.8 个百分点。以稳健中性的货币政策和宏观审慎政策所构成的双支柱调控框架已初见成效，这为我国供给侧结构性改革和经济的高质量发展创造出"中性适度的货币金融环境"①。通过防止相对价格持续失调、加快针对冲击的调整步伐，以及减少金融和外部失衡积累，实施灵活的汇率制度可以对新兴经济体的政策环境起到补充作用。

对于蒙古国和朝鲜而言，未来应努力构建合理的货币政策框架，加强宏观审慎监管和提高汇率的灵活性，从而改善资源分配，减少脆弱性，并增强经济韧性。

3.2.3 对外经济合作政策

在东北亚地区各经济体之间的关系上，一直以来安全问题大于经济合作与发展。但是，由于近期贸易保护主义和单边主义的抬头，多边合作努力对于维护区域乃至全球经济的发展显得至关重要。

近年来，随着东亚合作领导人系列会议和东方经济论坛的举办，东北亚地区各经济体之间的合作意向进一步明确和加强，特别是朝鲜作出"无核化"表态以来，东北亚地区局势进一步稳定，国家间关系改善，为区域合作创造了更多的动力和契机。同时，东北亚合作也面临一些挑战，中国倡议为区域合作提供了明确的思路。

此外，东北亚地区各经济体的国家元首互访频繁，双边与多边交流日益增多。中日、中韩关系得到改善；韩俄推动加强多领域合作，并就推动落实俄韩朝三方经济开发项目展开研究；朝韩

---

① 中国人民银行货币政策分析小组.2017 年第四季度中国货币政策执行报告［M］. 北京：中国金融出版社，2018.

领导人展开会晤，两国军事紧张关系得到缓和，经贸合作蓄势待发。与双边关系改善相辅相成，东北亚地区多边合作机制也呈现新局面。中日韩自由贸易协定谈判仍在进行，三国致力于避免不必要的竞争并各施所长，最大限度地实现优势互补，朝着"促合作、求共赢"的方向持续发展，合力推动东北亚地区经济合作。

总之，东北亚地区各经济体的对外经济合作政策均体现了各经济体扩大地缘经济合作、维护自由贸易和地区秩序的共识以及合作意愿的进一步加强。在开展合作的过程中，东北亚地区各经济体有必要充分理解区域内其他经济体的相关政策，通过沟通消除误解，实现区域内经济合作利益的最大化。

3.3 我国与东北亚地区经济合作的建议

东北亚地区有良好的经济合作基础，但是也面临着领土争议、美国因素、朝鲜因素等的挑战。因此，中国应在与东北亚地区的合作中坚持以和平、繁荣为目标，发挥中国智慧。

3.3.1 以和平发展促进东北亚地区稳定和繁荣

东北亚地区经济合作应该建立在地区和平、安全的基础上，因此，面对新形势，各经济体应始终秉持和平发展理念，增进互信，加强合作，共同促进本地区和平、稳定与发展繁荣。

一个和睦、互信、团结、稳定的东北亚符合各国利益和国际社会期待，对维护多边主义、推动国际秩序朝着更加公正合理的方向发展具有重要意义。中国需要与其他经济体一道，努力营造和睦友好的周边环境；本着相互尊重的精神，以建设性姿态参与地区合作；始终注重考虑和照顾各方关切，致力于推动地区交流对话，从而不断巩固团结，增进互信，共同探索维护东北亚持久和平安宁的有效途径，实现本地区和平、稳定。

3.3.2 深化合作，实现互利共赢

东北亚地区能源资源丰富，具有世界领先的科技研发能力，资金和人力资源充足，各经济体经济发展各具优势，特点鲜明，互补性强。当前，地区形势稳定向好，各经济体有能力、有条件充分发挥各自优势，开展各领域、深层次合作。

当前，中日韩的合作是引进技术、设备或在中国加工之后返销的贸易合作关系；中国与俄罗斯、蒙古国的合作以资源方面的合作为主，同时也存在社会基础合作；中国作为朝鲜最主要的伙伴，与朝鲜存在独特的经济合作关系。因此，未来中国在与东北亚地区其他经济体进行合作时，应在坚持统一原则的基础上，注重不同层面合作关系的处理。

首先，中国与各经济体之间要积极对接发展战略。各经济体应对接各自发展战略，加强政策沟通和协调，形成合力，把握合作大方向。例如，中俄正在积极开展"一带一路"建设和欧亚经济联盟对接，已经取得重要收获。

其次，可重点提升中国与其他经济体之间跨境基础设施互联互通、贸易和投资自由化与便利化水平，促进各国市场、资本、技术流动，优化资源配置和产业结构，共同建设开放型区域经济，努力构建东北亚经济圈。

再次，推动多边合作、次区域合作。各经济体应致力于促进东北亚地区的稳定、发展和共赢，深入探索和研究开展多边和次区域合作的可能性，推动更多切实可行的项目落地实施，给东北亚地区人民带来更多实惠。

最后，文化融通助力经济合作。东北亚地区各经济体地缘相

近，文化相融，在长期交往中结下深厚友谊。未来，中国与各经济体可以在现有基础上，拓宽交流渠道，创新合作形式，巩固和深化旅游、青年、教育、文化产业等传统领域的合作，同时在文化遗产、共同创作、知识产权保护等领域加强互学互鉴，努力为各国、各年龄段民众开展交流创造便利，打造平台。

3.3.3 积极探讨协调发展新模式

东北亚地区各国发展模式和水平不尽相同，经济增速快，合作项目多，更需要立足现实，着眼长远，加强统筹协调，实现经济和社会、资源和环境、人与自然协调可持续发展。中国与各经济体之间应共同致力于积极探讨建立东北亚地区协调发展新模式，加快科技创新，转变发展理念，加大环境综合治理力度，形成节约资源和保护环境的产业格局与生活方式，携手应对共同面临的区域性环境问题。[1]

3.4 东北三省经济发展的建议

东北三省作为我国传统的老工业基地，是我国主要经济板块之一。新时代，东北的振兴和发展无论是从质量上还是速度上都落后于西部大开发、中部崛起以及京津冀一体化等国家战略。由于近几年我国东北地区经济增长势头下滑，对东北亚的经济影响力和经济一体化推动力变得不足。随着东北亚区域经济合作的进一步加强，东北三省应借助其地缘区域优势，提高东北地区在东北亚区域的竞争力，实现其与周边国家在经济发展上的深度合作，实现互利共赢。

---

[1] 引自中国国家主席习近平出席第四届东方经济论坛全会并发表的题为《共享远东发展新机遇 开创东北亚美好新未来》的致辞。

3.4.1 整体规划布局，协同开放发展，加快形成协调发展的新格局

东北的全面振兴应建立在区域经济协调发展的基础上，通过培育若干带动区域协同发展的增长极，实现全面协调可持续发展。东北三省中，辽宁省的经济发展水平略高于其他地区，沈阳、大连则更是集合了创新、人才和产业等资源的地域性中心城市。未来，东北地区应在生态、产业、交通、开放等重点领域积极开展合作，合力推进东北地区的协同开放，从而实现全面协调可持续发展。

首先，要逐步完善协同发展的相关制度，以探寻共赢发展的道路。一是吸取已有的先进经验，创新相关体制和机制；二是积极推进产业结构调整，推进产业间的有效合作；三是注重平台载体的搭建，促进科技成果转化，从而提升东北地区整体的创业、创新水平。

其次，加快东北地区与京津冀、长江经济带和粤港澳大湾区等区域的对接和协调发展。东北地区应探索与京津冀地区协同发展相对接的路径，重点关注因疏解京津冀地区非首都功能而梯次转移出来且适合东北地区承接并发展的产业。借鉴长江经济带发展中的先进理念，打破行政区域的分割，冲破市场壁垒，推动经济要素的有序、自由流动，提倡绿色发展。注重与粤港澳大湾区在基础设施建设上的互联互通，提升市场一体化水平，并构建东北地区协同发展的现代化产业体系。

最后，推动开展新型跨区域合作。充分利用各种载体，搭建促进东北地区与其他经济先行区地方政府、产业和企业间的政企合作平台。落实政府与企业间的有效合作，创造有利于合作开展

的优质营商环境，推动区域间重大合作项目的共建和共赢，以形成面向东北亚地区的、开放合作的战略性平台。

3.4.2 融入东北亚合作新平台，探索建立东北亚特别合作区

东北三省有多处地区具备沿边及沿海的独特地理位置，与东北亚其他国家或地区紧密相连，具有较好的开放优势。应积极推进东北地区融入东北亚合作平台，发挥东北地区老工业基地的优势，推进国际产能和装备制造合作，构建全方位的对外开放新格局，打造多元化开放合作平台。探索与京津冀协同发展、与长江经济带和粤港澳大湾区等经济先行区相对接的发展路径和合作机制，从而打造面向东北亚地区、更加开放、合作共赢的枢纽地带。

3.4.3 发挥地缘优势，推动建设中日韩自贸区的先行区

对于东北亚地区而言，目前难以形成全区域的自贸区，因此中日韩自贸区谈判对推动当前东北亚地区多边经济合作起到了重要作用。

东北三省有多个沿边口岸城市，如辽宁省的丹东市、吉林省的珲春市、黑龙江省的黑河市和绥芬河市，在对接朝鲜和俄罗斯经济贸易合作中可以发挥重要作用。应积极探索东北三省沿边口岸城市经济合作形式及模式，寻求发展沿边口岸城市国际化合作模式，为中日韩自贸区以及未来东北亚自贸区建立示范先行区。

早在 2012 年，大连市多位在辽宁省的全国政协委员就联名向全国"两会"提交《关于设立大连中日韩自由贸易区先行区的提案》，希望大连加快制度创新，承接东北亚地区国际中转贸易和加工贸易的资源，从而构建其在东北亚地区进一步发展的竞争优

势。2017 年 3 月，国务院印发《全面深化中国（上海）自由贸易试验区改革开放方案》和各地自由贸易试验区总体方案，在我国中西部和东北地区新建包括辽宁在内的七个自贸区。

辽宁自贸区的实施范围为 119.89 平方公里，共包括三个片区。其中，大连片区 59.96 平方公里，沈阳片区 29.97 平方公里，营口片区 29.96 平方公里。通过内部机制的改革和结构调整，未来辽宁自贸区将会成为东北地区整体竞争力提升和对外开放水平深化的重要引擎，从而有望成为推动中日韩自贸区建立的示范先行区。

3.4.4 借助国家政策，寻找促进内生性增长新要素

随着东北亚局势发生新的变化，东北振兴迎来了新机会，中俄合作进一步提升，中日关系回暖，半岛局势趋向稳定，尤其是中日韩谈判积极推进，这些利好会进一步推动整个东北亚合作，也会为东北振兴带来新的政策红利。东北地区可以利用这一契机，将中间节点城市、枢纽城市、门户城市、口岸城市打造成港口城市之外新的对外开放高地，形成新的优势。

随着东北地区逐步开放，其承接能力将进一步增强，从而形成内生性增长的动力。外向型拉动加上对产业转移的承接，都将带动东北优势资源的开发，延长资源型产业链，并使非资源型科技含量较高的新兴产业快速成长、创新发展和绿色发展。

4　东北亚地区经济发展展望

整个东北亚地区的经济总量比较大，在亚洲地区的占比高达29.22%。同时，从增长率的数量关系来看，过去10年间，整个东北亚地区的经济增长率也与整个亚洲地区的经济增长率有着很强的正相关性。然而，我们也可以看到，东北亚地区在整个亚洲的经济重要性正在被削弱。在10年前，整个东北亚地区的经济总量占亚洲地区经济总量的比重高达46.44%，而这10年间下降了17.22个百分点。另外，东北亚地区的经济增长率也比整个亚洲的经济增长率低了4.5%左右。从经济增长的绝对量来看，近10年东北亚地区经济总增量占同期亚洲地区经济总增量的7.61%，远低于其在亚洲地区的经济总量占比。

总体来说，东北亚地区经济总量在亚洲地区仍然占相当大的比重，但是由于各种原因，加上自身发展的一些问题，最近10年东北亚地区经济发展相较亚洲经济发展稍慢。但不可否认的是，东北亚地区的经济发展仍然对整个亚洲经济有着重要的作用。

4.1　GDP

2018年东北亚地区GDP增长率可能达到1.75%（其中，日本为0.9%，俄罗斯为1.6%，韩国为2.7%，蒙古国为5.2%，朝鲜为5.2%，中国为6.6%）[1]。

---

① 资料来源：OECD数据库。

我们认为，2018 年东北亚地区经济将延续稳定向好的发展势头，增长速度较 2017 年有所回升。形成这一预测的原因既包括区域内部原因，也包含外部原因。内部原因是东北亚地区内发达经济体、新兴经济体持续的结构性调整和改革将继续释放推动其经济向稳发展的动力；外部原因是 2017 年全球经济，特别是欧洲和亚洲地区经济出现了显著增长，IMF 将 2018 年和 2019 年的全球增长预测上调了 0.2 个百分点，反映了全球增长势头的进一步增强和外需的持续强劲。

此外，东北亚地区各经济体经济也面临诸多风险与挑战。2017 年，贸易保护主义和单边主义等逆全球化倾向尚未好转且存在诸多不确定性，国际直接投资增长预期继续下滑，美国的财政与货币政策调整对世界经济的溢出效应具有不确定性，地缘政治风险依旧不容忽视。

4.2　CPI

2018 年东北亚地区 CPI 增长率可能达到 1.26%（其中，日本为 1%，俄罗斯为 2.9%，韩国为 1.5%，蒙古国为 7.25%，中国为 2.1%）。

我们认为，受全球经济增长前景改善、欧佩克（OPEC）限制石油产量协议延期及中东地缘政治局势紧张对原油价格起到支撑作用等发展形势的影响，2018 年东北亚地区物价会有小幅上涨，增速略高于 2017 年。据 IMF《世界经济展望》的观察，2017 年 8 月至 2017 年 12 月中旬，原油价格上涨了 20% 左右。截至 2018 年 1 月初，油价出现进一步上涨。同时，燃料价格上涨提高了发达经济体的总体通货膨胀水平，但是，工资和核心价格通货膨胀依然疲软，加之受新兴经济体经济持续复苏、货币贬值等因素的影响，东北亚地区通货膨胀率预计较 2017 年有所上升。

4.3 就业与收入

4.3.1 就业

2018 年东北亚地区失业率预计为 2.9%（其中，日本为 2.5%，俄罗斯为 4.7%，韩国为 3.8%，朝鲜为 3.3%，蒙古国为 6.3%，中国东北三省为 3.75%）。2018 年失业率将进一步下降，下降幅度约为 7.5%（其中，日本下降 10.7%，俄罗斯下降 9.62%，韩国上升 2.7%，朝鲜无变化，蒙古国下降 1.56%，中国东北三省无变化）。

我们认为，东北亚地区的失业率将延续 2017 年的下降趋势，且下降幅度将进一步增加。因为经济回暖导致的外部需求增长及制造业的乏力，未来已经处于较低水平的失业率将进一步下行。但是，东北亚各经济体之间由于其国内经济发展存在差异，就业情况也不尽相同。预计 2018 年，日本和俄罗斯的失业率将大幅下降；韩国的失业率受其就业人员结构的影响，将会小幅上升；朝鲜和中国东北三省的失业率并无变化。

4.3.2 收入

2018 年东北亚地区人均收入预计增长 1.95%（其中，日本增长 0.6%，俄罗斯增长 1.12%，韩国增长 9.23%，朝鲜增长 0.21%，蒙古国下降 8.5%，中国东北三省增长 0.5%）。

对人均收入变化的预测主要基于 GDP 和就业水平。2017 年，东北亚地区除日本和蒙古国外，人均收入均实现了增长。预计 2018 年，伴随着收入分配不公问题的改善，以及部分国家社会保障能力的提升，人均收入水平将实现不同程度的增长。此外，从失业率的预测看，失业率的进一步下降也会导致人均收入的变化。

4.4 国际贸易与投资

4.4.1 国际贸易

2018 年，东北亚地区国际贸易总额预计增长 3.28%（其中，日本增长 2.7%，俄罗斯增长 5.4%，韩国增长 3.4%，朝鲜增长 17.1%，蒙古国增长 24.2%，中国东北三省增长 6.7%）。

2017 年，由于全球市场回暖，外部需求强劲，东北亚地区各经济体除朝鲜外均实现了大幅上升。2018 年，受大宗商品价格波动及贸易摩擦的影响，预计国际贸易额将出现平稳增长的情形；而由于"无核化"的承诺及与韩国、美国等国家政治关系的缓和，预计朝鲜受到国际制裁的程度将得到一定程度的减缓，从而增加其对外贸易额。

4.4.2 国际投资

2018 年东北亚地区国际投资总额预计增长 13.2%（其中，日本增长 13.91%，俄西远增长 13.74%，韩国增长 3.01%，蒙古国增长 68.07%，朝鲜增长 36.72%，中国东北三省增长 23.23%），比上年提高约 5 个百分点，增速也较 2017 年有所提升。

根据联合国贸发会议《世界投资报告（2018）》的预测，2018 年全球国际投资流量将略有增长，最多可达 10%，但仍将低于过去 10 年的平均水平。这也与前文对 2018 年经济增长、国际贸易、价格趋势的预测相一致。但由于政策风险存在较大的不确定性，以及对贸易紧张局势升级的悲观预期，全球价值链投资可能会受到影响，进而出现下滑。美国的税务改革及税率竞争的加剧也可能对全球投资模式产生重大影响。此外，2017 年东北亚地区国际投资收益率下降，平均收益率为 6.7%，资产收益的降低可能影响 2018 年外国直接投资前景。

4.5 东北三省经济发展展望

在地区生产总值的预测方面，笔者根据 2000—2017 年东北三省的地区生产总值数值，以及影响地区生产总值的消费、固定资产投资与进出口数值等，建立线性回归方程进行预测。据预测，2018 年东北三省地区生产总值中，辽宁、吉林、黑龙江地区生产总值增速将分别达 5.5%、4.5% 和 5% 左右。

在物价方面，根据 2017 年东北三省的经济发展水平及其消费物价指数和生产物价指数，本报告预测 2018 年东北三省的消费物价指数将同比增长 2.5% 左右。

在进出口贸易方面，依据 2000—2017 年东北三省的进出口贸易的数值及东北三省经济发展状况，本报告预测东北三省在 2018 年进出口贸易的增速为 15% 左右，将超过全国进出口贸易的增速。

分报告一

2018 年日本经济发展报告

1 日本经济地位

1.1 GDP

2017 年，日本以 61413.56 亿美元[①] GDP 位列世界第三大经济体。作为一个发达国家，日本在亚洲乃至世界经济中都有比较重要的地位和较大的影响，外向型经济明显，同时受到世界经济和国际市场的显著影响。

2017 年日本 GDP 占世界的比重为 7.69%，占亚洲的比重为 21.38%。日本作为世界最大的经济体之一，是世界经济的重要组成部分；然而，可以看到的是，日本 GDP 占比在以一个较为稳定的速度逐年减少，平均每年下降 0.2%，降幅最大的是 2009 年（－0.34%），近年来降幅一直稳定在 0.1% 左右。日本 GDP 占亚洲的比重由 40% 左右下降至 20% 左右，在一定程度上反映出尽管日本经济规模基数大，但国内经济发展长期疲软，国际上发展中国家不断赶超，即便安倍实施一系列的经济刺激措施推动了国内经济的缓慢、持续复苏，但日本经济在世界经济中的重要性仍呈削弱趋势。

1.2 CPI

根据 CPI 计算的 2017 年日本通货膨胀指数[②]为 0.47%，世界

---

① 资料来源：世界银行数据库，以 2010 年美元不变价数据计算。

② 同上。

水平为 2.18% 。

由日本和世界的通货膨胀指数历史数据可知：首先，世界平均物价保持较为稳定的水平，在 2008 年出现一个波峰，呈现温和的通货膨胀。世界平均物价的小幅波动、温和的通货膨胀水平，反映出世界宏观经济整体较为健康。其次，与世界温和的通货膨胀水平不同，日本长期以来呈通货紧缩状态，除 2008 年和 2014 年外，其余年份几乎都是通货紧缩或者接近于零的状态。为缓解通货紧缩，安倍政府采取量化宽松政策，但通货膨胀指数也只上涨至零并在其附近波动，直到 2013 年才出现好转，2011 年日本通过上调消费税税率，促进了 2012—2013 年日本经济的短期好转，且 2014 年 4 月实施"安倍经济学"，消费税上调到 8%，出现了居民提前消费、投资的现象，推高了 2013 年下半年和 2014 年的物价；之后，政策的效果得以延续，通货膨胀指数在零附近较小的范围内波动。

1.3　就业与收入

1.3.1　就业

与世界平均失业率相比，日本一直将失业率很好地维持在一个非常低的水平。2017 年日本失业率为 2.83%，世界水平为 5.49%[①]。事实上，在主要发达国家中，日本一向以雇佣稳定、失业率低而著称，这也是日本经济的特征之一。日本的失业率一直维持在 2.5% ~ 5.5%，而世界平均水平不低于 5%，甚至超过 6%。

---

① 资料来源：世界银行数据库。

日本失业率的变动方向与世界平均失业率基本保持一致，表明日本经济受国际大环境影响较大。2009 年，受国际金融危机影响，日本失业率出现波峰，随后持续走低，2017 年创下新低（2.83%）。近年来，日本创造就业机会的能力很强，经合组织报告显示日本女性创造就业机会的能力要强于男性，女性就业率从 2012 年的 60.7% 上升至 2015 年的 64.7%，远高于经合组织 58.6% 的平均水平。然而，日本就业率的性别差距很大，女性比男性低 17 个百分点。近年来，日本的劳动力市场二元论变得更加根深蒂固，非正式工人占就业人数的 38%，推高了相对贫困率，因为非正式工人的工资很低，接受的培训也很少。此外，影响女性的日本劳动力市场二元论不仅推动了不平等，导致性别工资差距拉大，高达 27%，而且阻碍了生产力的发展。2014 年财政年度私营部门中只有 9% 的管理岗位留给了女性。只有消除限制就业机会的障碍，才能使女性更好地发挥其潜力，提高公平性和经济内生增长，进一步解放生产力。

1.3.2 收入

日本作为亚洲最大的发达国家，其人均国民总收入（GNI）远高于世界平均水平，且日本与世界人均 GNI 之间的差距还在逐渐拉大。2017 年日本人均 GNI 为 38550 美元，世界平均水平为 10366 美元[①]。与世界平均水平相比，日本属于高收入国家。

1.4 人口

2017 年日本人口为 127484450 人，亚洲人口为 4503249000

---

① 资料来源：世界银行数据库。

人，世界人口为 7550262000 人；日本人口占世界人口的 1.69%，占亚洲人口的 2.83%①。历年来，日本人口占比偏小且连年下降。结合 GDP 数据，可计算得知日本 GDP 占世界的 7.5%～11%（2000—2003 年均超过 10%，随后占比逐步平稳下降，2017 年降至 7.69%）。以占比不到 2% 的人口创造出占世界 10% 左右的 GDP，可见日本对世界经济的重要性。从日本人口占亚洲的比重中，我们也可以得出类似的结论。

1.5　土地与资源

日本地处亚欧大陆东部、太平洋西北部，由北海道、本州、四国、九州 4 个大岛和 7200 多个小岛屿组成，东部和南部为太平洋，西临日本海、东海，北接鄂霍次克海，隔海分别和朝鲜、韩国、中国、俄罗斯、菲律宾等国相望。

日本陆地面积约为 37.79 万平方公里，占世界陆地面积的 0.28%。日本国土资源匮乏，人口密度非常高。2017 年日本人口密度为 347.7776 人/平方公里，世界平均水平为 58.04499 人/平方公里，日本是世界平均水平的 6 倍，居世界第八位②。然而，随着日本人口的下降，日本人口密度也呈下降趋势，世界人口密度则一直呈上升趋势，但两者的量级相差甚远。

日本是一个多山的岛国，山地呈脊状分布于中央，山地和丘陵占总面积的 71%，大多数山为火山。日本国土森林覆盖率高达 67%。平原主要分布在河流的下游近海一带，多为冲积平原，面积狭小，耕地十分有限。根据世界银行的数据计算，日本人均耕地面积为 0.034 公顷，世界平均人均耕地面积为 0.2 公顷，相差

---

① 数据来源：世界银行数据库、联合国统计署数据库。
② 数据来源：世界银行数据库。

近百倍。正因为如此，日本人口有 91.535% 集中在城市，而世界平均水平为 54.82652%[①]。

1.6 国际贸易

2017 年日本进口贸易总额比上年增长 15.55%，占亚洲的 10.17%，占比比上年下降 0.27 个百分点；占世界的 3.77%，占比比上年下降 0.03 个百分点。日本出口贸易总额为 8736.94 亿美元，比上年上升 4.92%；占亚洲的 9.99%，比上年下降 0.28 个百分点；占世界的 3.84%，比上年下降 0.07 个百分点。日本进出口贸易总额为 17093.34 亿美元，比上年增长 9.28%；占亚洲的 10.08%，比上年下降 0.27 个百分点；占世界的 3.8%，比上年下降 0.05 个百分点[②]。

1.7 国际投资

日本对外直接投资流出量巨大。日本 2017 年对外直接投资额为 1604.49 亿美元，占亚洲的 30.83%，比上年上升 14.78%；占世界的 11.22%，比上年上升 13.82%。日本已经成为世界第二大对外直接投资国，2017 年对外直接投资（FDI）达 1600 亿美元，比 2016 年排名上升了两位。日本在亚洲的对外直接投资居新加坡之后，日本成为第二大对外投资经济体。

日本吸收外国直接投资的量比较小，2017 年 FDI 流入为 104.30 亿美元，占亚洲的 2.02%，比上年下降 8.61%；占世界的 0.73%，比上年上升 19.63%。

---

① 资料来源：世界银行数据库。
② 资料来源：UNCTAD 数据库。

2017 年日本间接投资流入存量为 61587.82 亿美元，间接投资流出存量为 580540.34 亿美元①。

1.8　国际储备

2017 年日本国际储备（不含黄金）达到 12322 亿美元，比上年上升 3.70%；占亚洲的 18.41%，比上年下降 0.4 个百分点；占世界的 10.46%，比上年下降 0.29 个百分点②。

---

① 资料来源：UNCTAD 数据库、IFS 数据库。
② 资料来源：国际货币基金组织、IFS 数据库。

2 日本经济发展形势

2017 年，日本经济在经历了较长时期的低位运行之后，总体上保持了温和复苏趋势。从主要指标看，占 GDP 60% 的居民消费意愿增强，企业设备投资增长，出口形势好转，制造业扩张加快，通货紧缩局面改善，就业形势乐观；从外部环境看，世界经济复苏的积极因素增多，对日本经济复苏带来正面影响。然而，复苏过程中也存在诸多问题，导致存在下行压力，不时出现反复。

2.1 GDP

2017 年日本 GDP 增长率为 1.73%，比上年提高 0.79 个百分点，其中消费增长率为 -1.99%，对 GDP 增长的贡献率为 96.46%；投资增长率为 0.35%，对 GDP 增长的贡献率为 -5.34%；净出口增长率为 9.28%，对 GDP 增长的贡献率为 4.87%（见表 1）。

20 世纪 90 年代以来，日本经济发展速度明显放缓。近年来，日本的 GDP 总量呈 "N" 形。2007 年之前，日本 GDP 一直以 1.39% 左右的增长速度稳定增长。直到经济危机出现，全球经济形势普遍萧条，各国均面临经济下滑的危机。受国际金融危机的影响，日本在 2008 年出现了 GDP 的负增长，平均每年下降 2.20 个百分点。直到 2009 年之后，日本经济才开始复苏，GDP 以与之前大致相同的增长速度回升，2012 年前后恢复到萧条前最高水

表 1　　　　日本消费、投资和净出口增长与贡献率

年份	增长率（%）			贡献率（%）		
	消费	投资	净出口	消费	投资	净出口
2000	7.04	5.41	14.38	70.38	21.12	-0.33
2001	-10.08	-14.65	-15.23	60.09	33.57	7.1
2002	-2.78	-9.84	3	46.26	59.64	-14.43
2003	7.91	5.59	14.12	72.83	17.42	5.99
2004	7.9	6.48	20.71	70.29	19.08	5.95
2005	-1.09	1.02	6.68	64.76	-19.71	42.79
2006	-4.61	-4.28	7.92	71.8	22.25	3.43
2007	-0.62	-2.75	9.84	137.63	203.92	-141.61
2008	13.67	10.86	11.13	86.92	22.62	-12.02
2009	8.16	-3.1	-25.38	159.43	-19.33	3.2
2010	7.73	3.93	30.85	67.38	9.82	11.61
2011	9.7	10.93	7.22	93.37	29.06	-25.51
2012	1.32	3.11	-1.82	139.78	91.78	-136.61
2013	-16.64	-13.52	-9.05	77.74	17.95	2.24
2014	-6.61	-3.36	3.68	88.29	13.22	0.04
2015	-11.85	-10.11	-9.14	99.16	25.79	-22.22
2016	11.21	11.53	3.2	67.94	21.74	12
2017	-1.99	0.35	7.82	96.46	-5.34	4.87

数据来源：UNCTAD 数据库。

平（2007 年），2013 年之后继续上升，超过 2007 年的经济规模，随后一直保持温和复苏的趋势。

近年来，日本宏观经济形势的整体特点可以归纳为"低速增长，缓慢复苏，时有反复"，主要受以下几个因素的影响：

第一，外部环境持续改善。

日本经济稳定复苏的重要驱动力包括全球经济复苏、国际市

场回暖、能源价格稳定、外部需求改善等。

第二，内需不断提升。

日本居民最终消费支出在 2007 年之前以较为稳定的速度增长，之后增长的大趋势中存在波动。2008 年、2009 年、2011 年、2013 年均出现了下降。日本居民最终消费的变化与日本政府对消费税进行的调整有关。2008 年的经济危机使日本财政问题加重，2011 年日本通过上调消费税税率，促进了 2012—2013 年日本经济的短期向好。日本自 2014 年 4 月开始实施的"安倍经济学"，使消费税上调到 8%，居民消费水平下降，并且出现了居民提前消费、投资的现象，推高了 2013 年下半年和 2014 年第一季度经济增速。加税之后，日本的居民消费波动较大，但在短暂冲击后，日本经济还是出现了好转，而这一次的消费税税率提升，最终也增加了财政收入。加税对经济产生抑制，但是日本在消费税税率上调的同时采取了一些缓解冲击的措施，包括基础设施更新、地震灾后复兴、低收入群体和购房者的转移支付、鼓励设备投资方面的税收减免等。日本的工资增长十分缓慢，这对居民消费也有一定影响，如果企业提高工资的速度超过预期，那么私人消费就会更强劲。

第三，经济政策效果开始显现。

一是安倍经济政策作用开始显现。日本政府曾在 2016 年 8 月实施总规模高达 28.1 万亿日元（约占 GDP 的 5.6%）的经济刺激措施，2017 年以来其作用开始显现。二是 2017 年日本央行继续执行安倍以"负利率 + QQE"为核心的宽松货币政策，其红利继续发挥作用，并且安倍政府将财政赤字政策的结束期限从 2017 年 9 月推迟至 2021 年 3 月。

第四，制造业企业运行业绩良好。

得益于全球经济复苏、国际市场回暖等因素，2017 年日本制造业经营业绩良好，上市公司利润大增。

2.2 CPI

由前文的数据和分析可知，温和的通货膨胀最终将促进经济增长，而日本则长期以来呈通货紧缩状态，除 2008 年和 2014 年外，其余年份几乎都是通货紧缩或者接近于零的状态。为了摆脱过去长达 15 年的通货紧缩状态，日本银行在 2013 年 4 月以通货膨胀率为 2% 为目标，推出量化和质化货币宽松政策，力求大幅降低日本的实际利率。该项政策到 2018 年已经使日本的货币基础增加了 3 倍多，同时中央银行的资产负债表已经上升到了日本 GDP 的 88%，这项政策已经通过利率、通货膨胀预期影响到了日本国内的价格和国内产出。

在物价方面，CPI 于 2013—2015 年保持了上涨趋势，2014 年有一个很明显的上升（102.75），但是之后由于日本国内消费税税率上调、需求疲软打压了通货膨胀上涨的趋势，加之国际上石油价格的下跌以及新兴经济体增长放缓等，通货膨胀上升趋势扭转。2014—2015 年，价格指数为 100.79，通货膨胀率又下降到 1% 以下。与此同时，日本中央银行资产负债表中的未偿还政府债券所占份额已经从货币量化宽松政策实施前的 12% 上升到了 40%。

日本的金融环境始终保持在极为宽松的状态，具体的措施主要有两条：第一，日本中央银行将继续把 10 年期国债收益率保持在 0% 左右；第二，日本中央银行作出"通货膨胀承诺"，日本中央银行将继续推行货币量化宽松政策，继续增加货币基础，直到通货膨胀率达到 2% 的目标。OECD 也认为日本只有使通货膨胀率达到 2%，日本国内经济最近几年增长的势头才能保持下去。

为了配合这一目标，2016 年 1 月，日本中央银行在政策框架中增加了另一个工具，对银行的超额储备引入了负利率 -0.1%，这一政策已经被许多欧洲中央银行采用。自引入负利率和收益率曲线进一步下调以来，银行进行贷款的意愿更加强烈。较低的政府债券收益率被转嫁到公司债券和贷款利率，从而有助于促进住宅投资。这一做法对货币市场带来的影响就是货币供应量的持续增长和日本国内的低利率。2017 年日本 M_2 增长率为 4.01%。

除了货币政策对物价的影响，日本中央银行认为日本国内物价还受到以下几个因素的影响。[1] 基于工资和物价不会轻易上涨的假设心态已经在企业和家庭中根深蒂固，企业与家庭没有很强的通货膨胀预期，普遍认为物价在很长一段时间内不会上升，这主要是由于长期的低增长和通货紧缩的经验。在这种情况下，企业对工资和物价制定所持有的谨慎态度以及家庭对物价上涨所持有的谨慎态度尚未明显改变。企业方面，在日本国内，企业一直通过增加节省劳动力的投资和精简业务流程的方式来解决劳动力成本的问题，同时限制工资的增加。因此，日本国内的实际工资与劳动生产率的比值一直保持在较低水平，这在一定程度上打压了物价。此外，与其他类型零售企业的竞争加剧、主要超市价格下跌等因素的部门冲击，以及房价和房租持续低迷，使通货膨胀受到抑制。

因此，在众多因素的博弈下，我们看到，2017 年日本国内消费者物价指数为 100.47，较 2016 年的 99.88 上升了 0.59[2]，日本国内长期存在的通货紧缩局面虽然得以改善，但距离 2% 的目标

---

[1] 资料来源：Outlook for Economic Activity and Prices, Bank of Japan, 2018. 10.

[2] 同上。

还很遥远，表明日本经济社会未来并没有很强的通货膨胀预期。

2.3　就业与收入

2.3.1　就业

从前文数据我们可以知道，与世界平均失业率相比，日本的失业率一直保持在一个非常低的水平上。虽然经济长期低迷，通货紧缩，但失业率从未超过 5.5%，远远低于其他发达国家。

2008 年之前日本失业率持续降低，2009 年、2010 年失业率与之前相比上升了 1.2 个百分点，2011 年之后又逐渐下降。根据 OECD 的报告，失业率上升的原因之一是企业扩大再生产的能力下降，社会上提供的岗位减少。而后几年失业率下降的主要原因，有学者认为是奥运刺激所带来的用工需求增加，因为申奥成功最直接推动的就是大规模基础设施的翻新与重建。就业状况得到大幅改善，整体就业形势较为乐观，失业率维持在较低水平。

作为安倍政府"女性经济学"倡议的一部分，应该解决三个主要问题。首先，应弥补主要城市和地区儿童保育能力的不足。其次，应对税收和福利制度进行改革，使女性作为家庭中的次要收入者，能在工作决策中保持中立。最后，需要通过改变长时间工作的文化，来改善工作与生活的平衡，因为长时间工作的文化会限制有家庭责任的女性的就业机会。除促进女性就业之外，另一个潜在的好处是提高生育率。

结合人口变化方面的数据可以看出，人口总量的缩水及快速老龄化给劳动力市场带来了影响，尽管作为"安倍经济学"第三支箭的一部分，重要的劳动力市场结构改革已经启动，但劳动生产率仍然低于经合组织国家。企业进入和退出的障碍限制了创新型企业的数量，服务业和制造业以及领先和滞后公司之间的差距已经扩大，这导致工资和收入不平等。

2.3.2 收入

从前文的数据可知，近年来日本的人均国民总收入（GNI）波动趋势较为平稳，2009 年受国际金融危机影响，出现了一个较为明显的波谷，随后日本经济逐渐回暖，人均 GNI 保持了缓慢但平稳均匀的增长，2016 年有所下降。

日本人均 GNI 增长率大部分年度为正增长，但 2008 年和 2009 年增长率为负，且 2009 年跌至最低水平（-5.5%），2016 年再度出现负增长（-2.68%）；近年来增长率变动幅度较大，与安倍政府上调消费税税率有一定关联。消费税税率的上调短期内会促使居民提前消费，拉动经济增长，提高居民人均收入，但从长远来看则会抑制居民消费的意愿，不利于经济增长。

目前，日本在人均收入方面面临的问题之一是收入不平等，而劳动力市场二元论是日本收入不平等加剧的主要原因。非正规就业，包括定期、兼职和派遣工人等类别，从 1994 年占总就业人数的 20.3% 急剧上升到 2016 年的 37.5%[①]。公司雇用非正规工人以增加就业灵活性，解雇正规工人，降低劳动力成本。非正规就业主要集中在女性，2015 年占非正规工人的 68%，有 56% 的女性从事非正规工作。将劳动力市场分割为非正规工人和正规工人是女性就业的障碍。此外，与正规工人相比，非正规工人接受的培训和技能发展机会较少，反映出许多非正规工人的临时工特点。这阻碍了劳动生产率的增长，扩大了工人之间的生产率和收入差距。另一个问题是工资增长缓慢。根据 OECD 的报告，尽管

---

① 资料来源：Employment Outlook 2018：Japan，OECD，2018. 7.

1992 年以来劳动力市场条件较为紧张，但工资增长仍然低迷。由于终生就业背景下的劳动力流动性较低，工资对劳动力市场的紧缩反应往往缓慢。

2.4　人口

从日本人口总量和年增长率可知，日本人口基数小，2008 年之前一直维持较低增速，2009 年以后总人口基本上负增长。

根据世界银行人口置换率①数据，自 20 世纪 60 年代以来，日本人口中 0～14 岁人口比重不断下降，1960 年儿童人数占总人数的 30% 左右，2015 年儿童人数仅占 12.85%，少子化情况加剧。伴随少子化现象的是人口老龄化问题严重，这对日本经济增长同样是一个极大的制约因素。少子化、老龄化对经济发展造成了极大的不利影响：第一，青壮年劳动力供给不足。第二，国内有效需求不足，国内消费对经济增长的拉动作用减弱。第三，工作年龄人口负担加重。第四，政府财政负担加重。一方面，政府财政收入减少；另一方面，用于养老保障的财政支出不断扩大。因此，日本未来的经济繁荣和人民的福祉在很大程度上取决于它如何管理正在发生的、前所未有的人口结构转变。

2.5　土地与资源

日本的地理特点决定了其国土资源的特点。日本是一个岛国，海岸线长达 33899 公里，领海面积为 31 万平方公里，渔业水域达 361 万平方公里。东部太平洋一侧拥有许多天然良港。

---

①　维持人口长期稳定的合计特殊出生率称为人口置换率，在此水平上该国（地区）的出生率和死亡率达到某种相对的平衡，人口置换率以平均每一位女性一生所生的孩子的个数表示。

日本拥有丰富的渔业资源，适宜开发海底资源、发展海洋运输事业。

日本矿物资源种类繁多，被誉为"矿物博物馆"，然而目前，只有石灰石资源还比较丰富，石油、煤炭、铀等能源资源缺乏。工业生产所需的主要原料、燃料、能源等都要从海外进口。

20 世纪 70 年代日本发生了两次石油危机，暴露了能源供需结构的脆弱性。此后，日本率先发展液化天然气（LNG）、火力发电和核电事业，同时从国外进口煤炭用于发电。产业界大力开展节能运动，城市煤气也迅速完成了从石油、煤炭向天然气的转换。此后虽然出现了应对地球环境问题以及通过规制改革来提高经济效益等各种新课题，但日本的能源安全供给并没有出现约束性障碍。能源的稳定供给成为战后日本经济健康发展并且维持世界第二大经济体地位长达 40 多年的重要保障。

但是，2011 年 3 月 11 日东日本大地震导致福岛核电站发生重大事故，日本能源形势变得空前严峻。日本国内对能源供给体制的不信任感日益增强，作为日本能源主要供给源之一的核电站全部停机，替代燃料 LNG、原油和煤炭的进口大量增加导致贸易收支迅速恶化；化石燃料的大量使用，也使日本的温室气体排放和环境压力越来越重。

总之，东日本大地震后到今天，日本能源的固有问题并没有得到解决，而且还带来了新的问题。目前，日本的能源结构呈现出如下特点：

第一，日本仍然是世界的主要能源消费大国和能源进口大国。2017 年日本能源消耗量达 44526.5 万吨油当量，其中各类能源消耗量占比分别为：石油 41.4%，天然气 22.5%，煤炭 26.9%，核电 0.9%，水电 4.1%，可再生能源（风能、太阳能、生物质能等）4.2%。① 煤和石油的消耗量缓慢下降，天然气与新型燃料的消耗量逐步上升。但在总量上，石油产品的消耗量在能源消耗中仍然占较大比重。在资源约束下，日本不得不依靠技术的进步实现能源的集约性消耗，所以能源总消耗总体上呈平稳下降趋势，但下降的速度相对于国内能源生产的降速还远远不够。受东日本大地震和福岛核电站事故影响，2011 年日本的能源生产当量出现了明显的下降，由 2010 年的 99.96 百万油当量下降到了 52.01 百万油当量，这一年日本国内的能源生产当量直接下降了接近 50%，这个指标在之后几年一直下降，最低点为 2014 年的 27.12 百万油当量，比 2010 年的 99.96 百万油当量下降了 72.87%。能源进口当量除 2009 年受国际能源市场价格影响出现波谷以外，其余年度一直处于较高水平，2013 年以后一直呈下降趋势。

第二，日本的能源自给率低，且东日本大地震后，本来就很低的能源自给率变得更低了。由于能源极度缺乏，日本一次能源自给率一直很低，在发生第一次石油危机的 1973 年仅为 9% 左右。此后，日本大力发展核电事业，但由于核电站所使用的铀也需要进口，因此核电也只能算准国产化。2010 年能源自给率提高到 19.9%，应当说能源自给率有了一定程度的提高。然而，东日本大地震以后，核电站陆续关闭，2012 年日本能源自给率下降到 6.2% 的低点，其中水力和新能源等合计为 5.4%，而核电只剩 0.6%。2012 年日本的能源自给率在 OECD 国家中居第 33 位，为倒数第二位，而同期美国的能源自给率为 85%，英国为 60.7%，法国为 52.9%，德国为 40.1%，就连韩国也达到 18%。OECD 国家平均能源自给率为 70%。2015 年日本能源自给率略微上升至

---

① 数据来源：《日本的能源情况 2017》，由日本经济产业省自然资源与能源局发布。

7.4%，2016年升至8.4%^①。

第三，石油在一次能源中占比虽然有所下降，但仍比较高。自1973年第一次石油危机以来，日本一直致力于摆脱能源对石油的依赖。1973年日本的能源结构中94%是化石能源，而由前文数据可知，2016年已略降低至89%，不过结构已经有了很大变化。1973年，75.5%是石油；2016年，石油只占39%，煤油占25%，天然气的比重达到24.7%。目前，日本用的天然气主要是LNG形态，且消费量增长明显。虽然日本政府致力于发展新型能源来代替传统能源，新型能源所占比重逐年增加，但是与传统能源的比重相比仍然差距很大。

第四，石油进口主要依赖中东地区的格局并没有发生变化。第一次石油危机以来，日本深刻认识到，在一次能源中过度依赖石油这一种能源的风险很高，同时石油进口过度依赖动荡不安的中东地区更是十分危险。因此，日本实施能源多元化战略，既包括能源品种的多元化，也包括能源进口地区的多元化。前者主要是利用核能、天然气、可再生能源等其他能源替代石油，降低对石油的依赖度；后者主要是开拓中东地区以外的进口渠道。应当说，日本在降低石油依赖度方面进展较快，已经从20世纪70年代初的75%降至2016年的50%以下，但是在石油进口多元化方面却停滞不前，日本石油进口严重依赖中东地区的格局并没有发生变化。2016年，仍有86%的石油主要来自中东地区，第一大进口国是沙特阿拉伯（35.7%）。^② 煤炭主要进口自澳大利亚（75.5%），其次是印度尼西亚和俄罗斯。LNG主要从澳大利亚和亚洲国家进口。日本在努力提高进口国的多元化，这在未来很长

---

① 数据来源：《日本的能源情况2017》，由日本经济产业省自然资源与能源局发布。
② 同上。

一段时间也是一项重任。

第五，核电停机造成的压力巨大，包括能源使用成本上涨、减排目标难以实现、贸易逆差扩大等。福岛核事故后，由于核电停机，日本国内电价明显上涨，2014 年的居民电价比 2010 年上涨 25.5%，工业电价上涨 38%①；近几年有所下滑，但仍然高于 2010 年的水平。2016 年，居民电价为每千瓦时 22.4 日元，大约相当于 1.3 元人民币。工业电价接近 1 元人民币。高电力价格带来电力总消耗的低迷，日本国内的电力总消耗在 2010—2011 年出现了大幅下降，而在 2011 年之后一直保持在一个较低的水平。电力消耗一直是衡量一个国家经济发展的先行指标，在电力消耗指标低迷的情况下，日本国内经济的前景也不容乐观。

由于核电停机，矿物燃料使用显著增加，燃料进口增加，二氧化碳排放增加，温室气体排放未如以前承诺的实现下降，而是上升了。日本面对《巴黎协定》，挑战很大。另外，大量进口能源导致的贸易逆差日趋严重。

在重重压力下，安倍政府还是选择积极推进核电站的重启，2014 年出台《能源基本计划》，将核电定位为"重要的基荷电源"；2015 年 8 月 11 日重启鹿儿岛县内的川内核电站，宣告了 1 年零 11 个月"零核"时代的结束。2013—2030 年，日本能源使用目标如下：可再生能源发电占比达到 22% ~ 24%，能源自给率提升到 25%，温室气体排放量降低 26%。可以预见，日本在新能源战略的推进，以及应对未来能源市场的巨大挑战方面，仍是压力重重。

---

① 数据来源：《日本的能源情况 2017》，由日本经济产业省自然资源与能源局发布。

2.6 日本国际贸易与投资①

2.6.1 国际贸易

2017 年日本进出口贸易总额为 17093.34 亿美元，比上年增长 9.28%②。

从出口商品类别来看，通用机械增加了 11.6%，2017 年出口增加的近三成是普通机器。除了 2016 年大幅增加的半导体制造设备持续了良好的势头外，矿山和工程机械、引擎等也保持持续的增长。由于韩国和中国需求增长迅速，2017 年日本半导体制造设备增加了 227 亿美元，矿山和工程机械增加了 14.8%，机床增加了 14.3%，化学产品增加了 10.1%，钢铁增加了 11.3%。

从进口的主要商品品种来看，虽然原油的进口量连续 5 年持续缩小，但是由于价格的反转，2017 年原油的进口增加了 637 亿美元；液态天然气、石油制品等其他能源相关商品价格上升也导致进口额增加。日本的进口约两成为矿产燃料，形成了容易受能源市场价格变化影响的结构。

从日本出口的主要国家和地区来看，出口到美国比 2016 年增加了 3.5%，达到了 1346 亿美元，美国连续 5 年成为日本最大的出口国；对中国的出口增加了 1327 亿美元，达到 16.5% 的增长率；对东南亚国家联盟的出口增加了 1057 亿美元，增长了 10.7%，占据 2017 年日本新增出口的一半；对欧盟的出口增加了

---

① 资料来源：日本贸易振兴机构．世界贸易和投资报告［R/OL］．［2018 – 10］．https://www.jetro.go.jp/world/gtir/2018.htm.

② 数据来源：UNCTAD 数据库。

771 亿美元，增长了 5.1%。

从日本进口的主要国家和地区来看，中国已连续 16 年成为日本最大的进口国，2017 年增加了 5.0%，达到 1643 亿美元。占进口约三成的是电力设备，手机进口额保持与 2016 年一样的高水平。从东盟的进口增加了 11.3%，达到 1028 亿美元。从美国的进口增加了 6.9%，达到 720 亿美元，进口增加的约八成是矿产性燃料。来自欧盟的进口增加了 4.1%，达到 780 亿美元。

2017 年日本的国际收支中，经常收支盈余达 1961 亿美元。对盈余贡献最大的是服务收支赤字的缩小。2017 年的服务收支赤字为 65 亿美元，比 2016 年缩小了 41 亿美元。对服务收支的赤字缩小贡献最大的是旅行收支的盈余。2017 年的旅行收支连续第三年盈余（159 亿美元）。在服务贸易中获得盈利的另一支柱项目是知识产权等使用费，达到了 204 亿美元，日本企业所持有的专利权、商标权等使用费、技术信息使用费、有关特许加盟的费用以及这些权利的技术、经营指导费等大幅度盈余。

2.6.2 国际投资

据日本银行及财务省的数据，2017 年日本的对外直接投资是 1686 亿美元，为历史第二高（2016 年为历史最高），比上年降低 3%；2017 年其他国家对日本的直接投资为 188 亿美元，比上年降低 52.1%。

从 2017 年日本对外直接投资的主要国家和地区来看，投资最大的欧盟比上年减少了 17.8%，减少到 568 亿美元；对英国以外的欧盟主要国家的直接投资额增加了，比如荷兰

（105.7%）、德国（172.4%）和法国（81.8%）；对美国的直接投资额占30.8%，美国已经连续8年成为日本最大的投资国；对亚洲的直接投资额增加到2016年的2.8倍，达到383亿美元。

2017年末，日本的对外直接投资余额为1.55万亿美元，比2016年末增加了1941亿美元，GDP占比达32.0%，第一次超过了三成。从内部组成来看，占全体约七成的股票资本为1.531万亿美元，收益的再投资为3674亿美元，负债性资本为1303亿美元。从地区来看，面向北美的幅度最大，增长了8.4%，增加了5070亿美元，亚洲（同比增长16.0%，4273亿美元）和欧洲（同比增长23.0%，4168亿美元）分别居第二和第三位。

2017年日本吸收外来直接投资188亿美元（比2016年减少了52.1%）。在资本形态方面，外资企业在日子公司内部留保增加，"收益的再投资"达到了146亿美元。

2.7 日本与东北亚地区国家间的贸易与投资

2.7.1 概述

从日本贸易振兴机构（JETRO）的可获得数据来看，中国是日本对东北亚地区的主要出口国（见表2），2017年日本对中国出口1656.53亿美元，占日本对东北亚地区出口额的72.37%，比2016年增长13.7%。从日本对东北亚部分国家的直接投资（见表3）来看，2017年对韩国投资增长在东北亚国家中最为迅速，虽然中国获得的直接投资份额仍保持最大。

表2　　　　日本对东北亚部分国家的出口情况

国家	项目 2016 年	2017 年	
	金额（亿美元）	金额（亿美元）	增长率（%）
中国	1455.25	1656.53	13.7
韩国	474.67	551.25	16.1
俄罗斯	66.82	77.65	16.2
蒙古国	3.31	3.63	9.8

表3　　　　日本对东北亚部分国家的直接投资情况

国家	项目 2016 年	2017 年	
	金额（亿美元）	金额（亿美元）	增长率（%）
中国	31.10	32.70	5.1
韩国	12.46	18.42	47.9
俄罗斯	1.40	0.83	−41.1
蒙古国	6.00	6.41	6.83

注：日本对蒙古国的直接投资为累计值，2017 年的直接投资数据截至 9 月末。

数据来源：日本贸易振兴机构（JETRO）。

2.7.2　中国

　　根据日本财务省贸易统计和中国海关统计，2017 年的日中贸易总额比 2016 年增加了 9.2%，达到 3292.9 亿美元[1]，时隔 3 年再次增加，继欧盟、美国、东盟之后成为中国的第四大贸易伙伴。日本对中国出口增长 13.7%，为 1649 亿美元；从中国进口增加了 5.0%，为 1644 亿美元。2017 年，日本对中国的贸易收支为 4.42 亿美元，时隔 6 年转为盈余。

　　从贸易类别来看，2017 年日本对中国的出口主要集中在机械

---

[1]　按中国进口统计方法计算出的数据。

和运输设备、制成品、化学品和杂项四大类，日本从中国的进口主要集中在机械与运输设备、杂项、制成品和化学品四大类。通过以上数据可见，中日贸易结构之间存在很强的互补性，可以在加强全球分工合作方面更深入一步。

2017 年，日本继中国香港、新加坡、中国台湾和韩国之后，成为中国的第五大直接投资主体，直接投资额达到 32.7 亿美元，比 2016 年增长了 5.1%。

日本对中国的直接投资额受到国内经济形势和两国政治关系的影响。1998 年以后，受国内经济形势的拖累，日本对中国直接投资有所下降。2003 年以后，日本对中国的直接投资不断增加。2008 年以后，从国际金融危机冲击中恢复过来的日本加大了对中国的直接投资，但是在 2012 年钓鱼岛事件发生后，两国的贸易与投资热情受到了影响，近两年才有所恢复。

除了对中国直接投资外，日本对中国的间接投资存量自 2008 年以来总体上也呈快速上升趋势。2017 年日本对中国的证券投资达到 25954 亿日元，比 2016 年增长 43.87%。

2.7.3 韩国

自 2015 年以后，日本已经成为韩国最大的贸易顺差国家。2017 年日本对韩国的贸易收支实现了 283 亿美元的顺差，对韩国的出口增加了 16.1%，达到 551 亿美元，连续 2 年增加。

2017 年，日本对韩国直接投资（以申报为基础）比 2016 年增加了 47.9%，为 18.4 亿美元。2017 年大幅增加的日本投资主要集中于半导体、车载电池、有机 EL 面板等领域的韩国企业。

2.7.4 俄罗斯

2017 年日本从俄罗斯进口约 105 美元，比上年增长 12.24%；

向俄罗斯出口约为 77 亿美元, 比上年增长 16.17%, 贸易逆差约 27 亿美元。

从项目的形式来看日本和俄罗斯之间的贸易关系, 其结构是从俄罗斯进口矿物燃料等资源到日本, 从日本出口汽车和零部件到俄罗斯。从出口项目来看, 车辆及其零部件的比例最大, 尤其是汽车和汽车零部件占有很大比例 (26.9% 的汽车, 14.9% 的汽车零部件)。

2017 年日本对俄罗斯的直接投资额比上年减少了 86.2%, 为 1500 万美元。其中, 在非制造业中, 以批发零售业、金融保险业的投资为重心的投资增加, 比上年增加了 46.0%。从历史情况来看, 批发零售业、金融保险业和制造业是日本对俄罗斯直接投资的重点行业。

2.7.5 蒙古国

从日本方面的统计来看, 2017 年蒙古国从日本进口比 2016 年增加了 31.5%, 为 400 亿日元; 对日本的出口比上年增加了 2.2 倍, 为 43 亿日元。

2017 年 9 月末, 日本对蒙古国的直接投资 (累计额) 为 6.4 亿美元。来自日本的企业已成为通信、银行、制造、矿工、矿山机械和工程机械的销售、工程和能源等领域的主要投资者。

3 对日本经济发展的评价与建议

3.1 对日本经济形势的评价

3.1.1 日本国内官方的评价

3.1.1.1 日本银行①

日本银行作为日本的中央银行，分析认为在当前金融条件高度宽松的背景下，通过政府支出作为支撑，预计日本经济在2019年会以较以往年度增长率更高的速度持续增长，日本经济处于温和扩张的状态，海外经济总体上继续稳步增长，出口呈上升趋势；2019—2020财政年度，预计经济将继续保持扩张趋势，这种趋势相当一部分来自外部需求的支撑，但是增长速度会因为商业固定资产投资的周期性放缓以及消费税税率上调而有所减缓。

在国内需求方面，商业固定资产投资继续呈上升趋势，企业利润伴随着上行趋势和商业情绪保持在有利水平。在就业和收入状况持续改善的背景下，私人消费尽管有波动，但一直保持温和增长。与此同时，住房投资和公共投资均大致持平，保持在较高水平。国内外需求增长，工业生产呈上升趋势，劳动力市场状况继续稳步改善，金融环境高度宽松。

CPI（所有商品扣除生鲜食品）的年同比变化率是乐观的，

---

① 资料来源：Outlook for Economic Activity and Prices, Bank of Japan, 2018.10.

但与经济扩张和劳动力市场收紧相比，继续显示出相对疲软的发展态势。这主要是因为：首先，在以工资和物价不会轻易上涨为前提的心理预期已经根深蒂固的情况下，企业制定工资和价格的谨慎立场不会明显改变。其次，近年来的科学进展使企业提高生产力和技术的空间很大。在这种情况下，中长期通货膨胀预期的上升会一直滞后。尽管如此，随着产出缺口持续呈乐观态势，企业将会逐渐倾向于进一步提高工资和价格，而家庭对价格上涨的容忍度也会增加。于是，价格将会进一步上涨，中长期通货膨胀预期将会实现逐步上升。因此，CPI 的年同比变化率有可能逐渐增加到 2%，从而接近通货膨胀的预期调控目标。

在风险平衡方面，经济活动和价格的风险都倾向于下行。在价格方面，仍然保持着实现 2% 价格稳定目标的势头，但还不够稳固，因此价格仍然是未来需要重点关注的方面。

3.1.1.2 日本产业省

日本产业省指出，日本对亚洲的出口依存度逐年提高[①]，尤其是对中国和东盟。通用机械仍是对中国出口的优势项目，但影响出口总额的因素更多地体现在数量的扩张上。自 2007 年以来，半导体制造设备的贡献增大，是 2017 年出口贡献最大的项目。虽然 21 世纪初半导体等电子元器件极大地促进了电气设备的出口，但 2008 年国际金融危机后，它的增长已经逐步放缓。虽然日本努力提高能源的利用效率，但是能源对外依存度高的现状没有得到根本性改变，国际原油价格变动仍是左右日本进口总额的重要因素。日本的服务贸易是改善日本贸易收支状况的重要力量，旅游和知识产权费用的显著提升是日本近几年服务贸易的新亮点。非

---

① 资料来源：日本产业省 2018 年 8 月发布的《通商白皮书》（http：//www. meti. go. jp/report/tsuhaku2018/index. html）。

制造业的对外直接投资成为日本的重点。日本非制造业的对外直接投资从 2008 年开始超过制造业，而且在接下来的年份保持着这种差异性。金融保险业是非制造业投资的主要行业。数字贸易作为全球贸易发展的第三阶段，日本正在积极参与。日本正在各个国家和国际层面建立机构，以解决有关 IT 平台企业的竞争和消费者保护政策问题，并特别关注数据贸易未来的发展趋势。

3.1.1.3　日本贸易振兴机构

日本贸易振兴机构指出，虽然欧盟和美国仍是日本的主要贸易伙伴，但是日益强大的中国和东盟市场的影响力也不容小觑。[①]从出口的商品来看，日本的通用机械具有很强的竞争能力。根据日本建设机械工业会 2017 年度建设机器的外需发货额统计，北美、欧洲、亚洲等主要出口目的地需求都在扩大。在世界性投资恢复的背景下，在半导体制造设备具有较强竞争优势（出口份额占世界市场份额的三成）的日本，其半导体制造设备出口仍增加了两成。日本半导体制造协会称，2017 年世界半导体制造装置销售额为 566 亿美元，比上年增加了 37%。智能手机的高功能化、日益增加的数据积累对数据中心的增设需求等导致的多种多样的半导体需求增高，成为半导体制造装置市场扩大的推动力。在世界数字相关财产出口中，日本的存在感总体上有所下降，但 2007 年以后其在半导体制造设备和产业用机器人类别中，一直保持着世界的出口份额第一位。

日本的对外直接投资决定受到国际环境的影响，英国的脱欧决定对日本的影响引起了关注。由于英国经济不景气，日本对英国的限制和法律制度变更的担忧变得更大。日本面向东南亚国家

---

① 资料来源：日本贸易振兴机构. 世界贸易和投资报告［R/OL］.［2018 - 10］. https：//www. jetro. go. jp/world/gtir/2018. htm.

联盟的投资水平得到了恢复，投资额再次达到对中国投资额的两倍左右。

日本数字相关企业的对外并购相当活跃，2017 年无论是金额还是数量都与 2016 年持平，但是达到 1999—2000 年 IT 泡沫期平均值的近两倍。从 2010 年到 2017 年，无论是金额或数量，日本数字相关企业的对外投资都占据美国的最大份额。与世界的数字相关的对外投资倾向相比，日本的投资集中在制造领域，尤其是汽车相关电器电子设备领域。从收购方的行业来看，2010—2017 年，日本的数字相关领域的并购在制造领域占全体的 65%，与数字相关的交叉并购相比，制造领域所占的比例为四成左右，故日本的制造领域并购份额是相当高的。

亚洲对日本投资内容有所变化，来自亚洲的投资最初以新加坡和中国香港为据点进行不动产投资信托和投资基金以及物流设备的扩充，但是近年来更多高附加价值产品的企业资本加入，从服务等贴近消费者的领域进入，与日本企业的合作也多样化。

近年来，在对日本的企业并购方面，亚洲企业的作用也越来越大，东亚的份额逐渐扩大，2010 年上半年超过美国，2015 年至 2018 年上半年则占 44.4%。随着收益的增加，在日本的外资企业活动越来越活跃，外资企业所产生的附加价值额也有增加的倾向。近年来，对日直接投资的外资投资基金案件不断增加。日本企业为了在世界市场中生存，将经营资源集中在核心事业上，积极推进"选择和集中"战略，尤其是在世界市场陷入苦战的电机电子领域。另外，在市场低利率背景下，投资基金积极寻找有用的投资目标。日本经济处于上升趋势，股票市场的总额也在增加，外资对日本企业的技术水平评价很高，因此近年来，外资在对日投资方面产生了浓厚的兴趣。

3.1.2 国际组织的评价

3.1.2.1 OECD

OECD 的报告指出，日本的经济虽然总体有所回升，但是仍然存在一些重大的挑战。[①] 日本的人口正在快速老龄化并萎缩，这会影响到日本劳动力市场的劳动力供给和生产效率，以及整个社会的创新能力，从而对日本 GDP 增长带来负面影响。根据 OECD 组织的调查，日本生产率已经放缓，远低于 OECD 的主要经济体。人口老龄化又会加剧这一问题的严重性，不过与其自身相比，人均产出已经较往年有所提升。

OECD 通过对比日本与其他 OECD 成员国的宏观经济运行情况，对日本的宏观经济运行中四个比较显著的方面进行了归纳，并就发现的问题提出了若干建议：

首先，经济增长在加速。日本人均产出增长在加速。过去四年，日本的人均产出增长几乎与 OECD 不相上下。在劳动力日益短缺、企业利润创纪录的背景下，创造就业机会和提高工资支持了更快的经济增长。2016—2017 年，一揽子财政计划也支撑着经济增长。然而，随着人口数量下降，国内商业投资受到了增长前景疲软的阻碍。潜在的通货膨胀率仍然接近于零。虽然经济增长有所回升，但日本需要做更多的工作来克服两个关键挑战：创纪录的高政府债务比率和劳动适龄人口数量的加速下降。为了保持人均产出的增长，并使债务比率呈下降趋势，成功实施"安倍经济学"的三支箭至关重要。

OECD 认为，保持产出增长，关键是解决两个问题：首先，

---

① 资料来源：OECD Economic Surveys：Japan，OECD，www. oecd. org/eco/surveys/economic‐survey‐japan. htm.

尽管劳动力市场短缺的状况是 25 年来最为严峻的，但工资增长仍保持低迷，最低工资是经合组织成员国中最低的。其次，整体通货膨胀率在 2016 年接近于零，通货膨胀预期持续降低，对工资前景产生了负面影响。OECD 给出的建议是：第一，将最低工资提高到中等工资的一半，减少企业的无偿加班。第二，在考虑成本和风险的同时，货币宽松政策应该按照计划持续下去，直到实现通货膨胀率持续高于 2% 的目标。

其次，企业间劳动生产率的差距限制了经济内生性增长。劳动力市场的二元论正变得更加根深蒂固，非正式工人占就业人口的 38%，推高了相对贫困率。二元论，特别是影响女性就业的二元论，加剧了不平等并阻碍了生产力的发展，因为非正式工人的工资很低，接受的培训也很少。

OECD 认为，若要提高就业和生产率，以促进经济内生性增长，必须要注意以下四个问题：首先，尽管女性劳动力参与率不断上升，但女性就业率仍然比男性低 17 个百分点，这反映出儿童保育不足、工作时间长和性别工资差距大。其次，在日本，企业之间的生产力和劳动收入差距相对较大，并且一直在扩大。日本的企业进入和退出率远低于其他发达经济体，企业家数量也很低。再次，日本的初创公司倾向于保持较小规模，而不是扩张和实现规模经济。最后，正式工人和非正式工人之间的巨大工资差距是工资分散、相对贫困和巨大性别工资差距的主要原因。对非正式工人的有限培训会阻碍生产力的增长。OECD 提出的解决办法包括：第一，通过提高育儿能力，并限制加班，来改善工作与生活的平衡，消除女性就业的障碍。第二，通过加强企业和大学之间的研发联系，提高中小企业的生产率。第三，通过减少个人担保，为无法生存的公司的退出提供便利。通过降低个人破产制度的严格程度，为失败的企业家提供第二次机会。第四，实行有计划的信用担保制度改革，增强市场力量，使中小企业贷款的公共担保呈下降趋势。第五，打破二元论，放宽对普通工人的就业保护，扩大社会保险覆盖面，增加对非正式工人的培训。

再次，政府债务占 GDP 的比例继续上升。另一个非常严重的问题是，日本政府的收入不敌支出。2014 年消费税税率上调和政府支出限制降低了 2014—2015 年的基本赤字。尽管如此，政府债务比率仍处于上升趋势。日本政府预测显示，主要赤字可能要持续到 2024 财政年度。目前接近于零的政府债券收益率上升，对财政可持续性构成了风险。人口的迅速老龄化给政府支出带来了上行压力，增加了原本规模很大的老年人口转移支付，这引起了人们对代际公平的关注。日本的卫生保健支出在 OECD 排名第八，部分原因是长期护理的负担。税收收入低于 OECD 成员国的平均水平，反映了日本非常低的增值税税率和相对较少的个人所得税收入。

OECD 认为要实现财政可持续性，必须注意以下方面：首先，日本政府债务总额持续上升，在 2016 年达到 GDP 的 219%，是 OECD 中最高的，这增加了民众失去财政可持续性信心的风险。其次，税收负担低于 OECD 的平均水平，与支出没有同步。税收和转移制度对劳动适龄人口的收入不平等和相对贫困的影响相对较低。再次，没有很好地应用宏观经济指数，导致养老金福利增加。对基本养老金制度作出贡献的人口比例已经下降，特别是在年轻人中。最后，日本民众的医院住院时间几乎是 OECD 平均水平的 4 倍，日本的人均药物支出也相对较高。OECD 提出的解决办法包括：一是承诺采取更详细的中期财政整顿路径，削减支出和增加税收，以增强对日本财政可持续性的信心。二是逐步提高消费税税率，通过引入所得税抵免来增强公平性。三是尽快全面运用宏观经济指数。四是将退休金领取资格年龄提高到 65 岁以上。五是在医院外进行长期护理，减少对那些需求不那么迫切的患者的长期护理保险的覆盖面，并增加非专利药物的使用。

最后，OECD 还就促进绿色增长提供了建议，日本的目标是将温室气体排放量从 2013 年的水平减少 26%，可以依靠与环境有关的税收，促进提高能源效率，使用低碳能源，进一步减少温室气体的排放。

3.1.2.2　UNCTAD

UNCTAD 指出，日本的外商直接投资流出量在 2017 年居世界第二位，达到 1600 亿美元，比 2016 年排名上升 2 位。[①] 日本作为全球服务和技术的领导者，2017 年国外增加值（FVA）在出口中的占比仅为 21%，而其国内贸易创造明显更高，体现出全球价值链中的下游地位。日本的产品研发活动在总增值中的国内份额有所增加，这表明日本在制造过程生产前阶段的重要性普遍提高。

UNCTAD 还指出，日本对东盟的投资量居第二位，排在新加坡之后。[②] 外国直接投资流量的增长伴随着跨国并购（M&A）的大幅上升，例如，来自日本的跨国公司永安等在多个东盟国家扩张。日本加大了对东盟金融科技行业的投入。在该地区投资的前 50 位最活跃的风投公司主要来自东盟（主要是新加坡）、中国、日本。来自日本的 FDI 流入尤其强劲，并积极投资于汽车和其他制造业。

---

①　资料来源：UNCTAD，Trade and Development Report 2018，https：//unctad. org/en/Pages/Publications/TradeandDevelopmentReport. aspx.

②　资料来源：UNCTAD，ASEAN Investment Report 2018，https：//unctad. org/en/pages/publicationwebflyer. aspx？ publicationid ＝2284.

3.1.3 日本学者观点

日本及国外学者对日本宏观经济形势的判断和分析，可以归纳为以下几个方面：

3.1.3.1 通货紧缩

学术界对于日本通货紧缩成因存在两种观点，一种认为通货紧缩是由日本中央银行错误的货币政策导致的，是日本经济长期停滞的主要原因。日本经济学家野口旭等认为，中央银行不能及时对通货膨胀率和GDP平减指数作出反应，政策迟缓，因此再低的政策性利率也无法实现预期的有效性。[①] 岩田规久男认为，日本通货紧缩的原因在于量化宽松货币政策的力度较弱。[②] 另一种观点则试图从更全面的角度来解释。例如，吉川弘史认为，IT技术革命的迅速发展导致了日本通货紧缩，传统技术优势逐渐消失，同时新技术的优势还没有出现，因此极易出现经济增长乏力甚至衰退。[③]

3.1.3.2 能源问题

Usama Al – Mulali 认为，日本自然资源极度匮乏，日本制定政治经济政策应以资源交换的有效性为前提和基础。[④] Hong – fang Lu（2015）认为，1946—2011年，日本经济的快速增长得益于能源利用效率的提升。

---

① 野口旭. 経済政策における知識の役割——思想·政策·成果［M］. 日本：ナカニシヤ出版，2007：59－91.

② 岩田规久男. 金融危机的经济学［M］. 东京：东洋经济新报社，2011.

③ 吉川弘史. 安倍经济学的妄想［M］. 北京：机械工业出版社，2015.

④ Al – MULALI, USAMA, CHE SAB, NORMEE. Oil Shocks and Kuwait's Dinar Exchange Rate：The Dutch Disease Effect［J］. MPRA Paper 26844, University Library of Munich, Germany, 2010.

3.1.3.3 财政缺口与人口老龄化

对于日本政府财政的不可持续性，学者的讨论集中于人口老龄化对其产生的影响。

Horioka 和 Wan 的研究表明，人口老龄化会加重社会保障负担，在社会保障支出结构中，增长幅度排在前两位的分别是养老金和医疗保障费用支出，这两个支出项目均与日本老龄化进程高度相关。[1] Harada 和 Yutaka 认为，日本养老金社保支出过多地用于老龄人口，会对经济发展产生不利影响。[2] 尾田未辉认为，少子化、老龄化大量减少了日本人口总量和劳动年龄人口，影响了劳动力供给。这进一步扩大了日本政府收入与支出之间的缺口矛盾。[3]

3.1.3.4 未来经济走势

2013 年，安倍政府启动第一支箭。日本国内与国际上相当一部分学者对"安倍经济学"的评价较为一致，都认为安倍经济政策的刺激作用会随着时间的推移而趋于平缓。[4] 换言之，"安倍经济学"的效果可能只在短期内持续。长期来看，相当一部分学者的态度并不乐观。例如，Blu Putnam 认为，老龄化人口结构和竞争性市场改革的缺失将大幅延长长期改革的时间表。[5] 也有学者

---

① HORIOKA，CHARLES YUJI，JUNMIN WAN. The determinants of Household saving：A dynamic panel analysis ［J］. Journal of Money，Credit，and Banking，2007.

② HARADA，YUTAKA. Aging and Social Security in Japan ［J］. The Tokyo Foundation，2012（12）：13 – 15.

③ 尾田未辉. 减少的劳动力——均衡失业率的低下 ［M］. 日本：三菱出版社，2015：1 –7.

④ KOBAYASHI KEIICHIRO. Microeconomics，Macroeconomics，and Political Philosophy toward Economic Growth ［R/OL］.（2017 – 12）. https：//www. rieti. go. jp/en/projects/program _ 2017/pg – 01/013. html.

⑤ BLU PUTNAM，SAMANTHA AZZARELLO. 安倍经济学面临的挑战：日本增长有赖于可能难以实现的生产效益 ［R/OL］.（2017 – 10 – 08）［2017 – 11 – 20］. https：//www. cmegroup. com/cn – s/trading/fx. html.

认为,"安倍经济学"能促进日本经济复苏,例如 Schenkelberg 和 Watzka 采用 VAR 模型分析日本量化宽松政策的传导机制与政策效果,证明了量化宽松货币政策可以有效缓解日本经济长期衰退的问题。①

3.1.3.5 国际贸易与投资

Chih – Hai 研究结果表明,以市场为导向的本地企业更加重视产品研发,而以流程为导向的出口企业则较少进行产品研发。日本子公司的专利研发弹性较高,说明日本子公司的专利生产率高于其他企业。此外,以市场为导向的本地企业确实需要用更多的专利来保护它们的产品②。

Sueyoshi 研究日本企业对待外资的态度时发现,稳定持股是日本传统公司治理的一个重要方面。许多日本企业领导人仍然认为,稳定的股东对于他们的治理很重要。外国投资提高了日本企业的经营业绩,但是外国股东持股比例不宜超过 19.49%,日本企业领导人非常害怕外国投资。日本企业需要更多地接受外国投资,关注外国投资者的意见。当然,日本企业在传统的稳定持股与外资之间取得平衡是很重要的。③

日本和中国是全球木制品进口大国。Changyou Sun 发现,1993 年以来中国的木制品贸易格局与 20 世纪 60 年代的日本基本相同。来源不同的产品(如日本的锯木进口和中国从美国进口的

---

① SCHENKELBERG H, WATZKA. Real effects of quantitative easing at the zero – lower bound: Structural VAR – based evidence from Japan [J]. Journal of International Money & Finance, 2013, 33 (2): 327 –357.

② CHIH – HAI YANG, TOSHIYUKI MATSUURA, TADASHI ITO. R&D and Patenting Activities of Foreign Firms in China: The Case of Japan [J]. Japan & The World Economy, 2018.

③ SUEYOSHI T, GOTO M, OMI Y. Corporate governance and firm performance: Evidence from Japanese manufacturing industries after the lost decade [J]. European Journal of Operational Research, 2010, 203 (3): 724 –736.

圆木）价格非常有弹性，这就表明了产品类型和供应来源之间的可替代性。这种替代关系将继续为经济发展带来机遇，也为全球环境保护带来挑战①。

3.1.4 对日本经济形势的评价

从前文的数据中，我们可以将日本目前的宏观经济形势归纳为"低速增长，缓慢复苏，时有反复"。

第一，内需动能释放，但后劲不足；经济缓慢复苏，但仍有反复；总体下行压力增加。2017 年以来，日本经济受内外需的共同拉动，居民消费意愿增强，投资增长显著，经济增长好于市场预期，并且随着消费继续好转与投资的持续拉动，经济呈现缓慢复苏、低速增长的态势。

第二，通货紧缩局面得以改善，但离价格稳定的目标还很远。物价水平有所回升，但距离中央银行 2% 的通货膨胀目标仍较远。

第三，就业形势乐观。2017 年，日本就业形势较为乐观，失业率水平较低。第三季度以来，日本就业形势继续保持良好态势，7 月失业率为 2.8%；8 月劳动力参工率为 61.7%，高于 7 月的 61.5%，与 4～6 月持平，再次达到 2002 年以来的历史新高，延续了 2013 年以来的稳健攀升态势。8 月失业率降为 2.4%，低于 7 月 2.5% 的水平，连续第三个月处于 3% 以下的水平，延续了自 2009 年达到 5.5% 的失业率波峰之后波动下降的态势，达到 1990 年以来的较低水平。

第四，政府债务负担巨大，财政金融面临明显压力但短期内

---

① CHANGYOU SUN. Competition of wood products with different fiber transformation and import sources ［J］. Forest Policy Economics，2017：74.

基本稳定，超宽松货币政策保持不变，低利率政策将长期维持。2017 年日本政府预算赤字占 GDP 的比重达到 4.5%，与 2016 年持平；政府债务占 GDP 的比重为 253%，达到历史最高水平，但是短期内发生严重风险的趋势不明显。

第五，出口形势利好，出口增长有亮点，扩大海外数字领域企业并购，积极备战数字贸易市场。

日本已经和亚洲、中东、欧盟、美国和中国等国家和地区建立了密切的贸易关系，在主要贸易伙伴经济复苏或中高速发展的带动下，日本出口连续两年较大幅度地增加。劳动力素质比较高的日本采取"选择和集中"战略，在制造业深耕细作，通过增加高科技附加值，积极融入全球产业链。日本已经在通用机械、电气设备、运输设备、化学品和钢铁相关行业具有较强的竞争力，有力地推动了出口的增长。另外，在服务贸易领域，旅游收入和知识产权使用费也给予出口增长较大的支撑力量。

作为资源缺乏型国家，日本不得不大量进口矿物性燃料，资源价格的波动对日本进口总额的变动贡献度相当大。不过，日本能源利用技术的提高以及核电的重启有利于日本相关进口需求的缩减。另外，日本进口大量的中间品，利用其自身的高国内附加值生产技术进行加工后再出口，有利于出口份额的扩大。

日本在世界数字相关企业跨国并购领域，无论是总额还是件数都迅速增加[1]，特别是总额从 2.7% 扩大到 12.1%。日本的投资大都集中在制造领域。在制造领域，汽车相关电气、电子设备的份额扩大了，汽车用的特殊陶业传感器的需求也相应扩大。

---

① 资料来源：https://www.jetro.go.jp/world/gtir/2018.html.

3.2 对日本经济政策的评价

3.2.1 日本国内官方的评价

3.2.1.1 日本银行①

在实现物价稳定目标的背景下，日本中央银行从两个角度对未来货币政策行为进行了思考。第一个视角涉及对前景的基线场景的检查，认为 CPI 同比涨幅有望逐步向 2% 靠拢，虽然经济活动和物价风险可能对其产生一定的影响，但实现 2% 价格稳定目标的势头似乎没有改变。这是因为企业的立场可能逐渐转向进一步提高工资和价格，产出缺口保持正值。另外，中长期通货膨胀预期或多或少不变，但是会随着价格的进一步上涨而上升。第二种视角涉及审查与货币政策行为最相关的风险。关于经济活动的前景，风险偏向下行，特别是海外经济的发展。关于价格前景，风险偏向下行，尤其是中长期通货膨胀预期的发展。从长期角度审视金融失衡，到目前为止，没有迹象表明资产市场或金融机构的活动过于乐观。然而，由于低利率环境和金融机构之间持续激烈的竞争，金融机构利润的长期下行压力可能造成金融中介逐步萎缩，影响金融体系稳定的风险增加。虽然这些风险在这一点上被认为不重要，主要是因为金融机构有足够的资本基础，所以有必要密切关注。在货币政策实施方面，日本银行将继续实施"附加收益率曲线控制的量化和质化货币宽松政策"，旨在实现 2% 的价格稳定目标，并将继续扩大货币基础，直至观察到的 CPI（所有项目减去新鲜食品）的同比增长率超过 2% 并稳定地保持在目

---

① 资料来源：Outlook for Economic Activity and Prices，Bank of Japan，2018.10.

标之上。同时，日本银行为实现价格稳定目标，计划在较长一段时间内保持目前极低的短期和长期利率水平，同时考虑到经济活动和价格的不确定性以及计划内的消费税税率上调的影响，日本银行将审查与货币政策实施最相关的风险，并酌情进行政策调整，以期保持发展势头。

3.2.1.2 经济产业省①

日本经济产业省认为，企业能够自由地进行各种各样的事业，创造人才、金钱、材料和信息，以及自由流通的环境，这对企业活动的活性化是必要的。因此，不仅仅是废除关税，还应该确保影响经济活动的其他国家（特别是新兴国家）的制度与日本同等或接近。因此，在日本企业与各外国企业同等的竞争条件下完善国内外事业的环境，是贸易政策的主要目标。为了确保未来的自由、透明、安定、公平的商务环境，必须将"自由公正的通商规则"扩展到世界。跨太平洋伙伴关系协议（TPP）就是为了克服这种事业障碍的"自由公正的通商规则"的例子。TPP 除了废除关税之外，设置了对投资自由化、模仿品、盗版对策的强化、贸易的顺利化等的纪律，还加入了电子商务、政府采购和国有企业等规定。这样可以自由进行经济活动的通商规则的谈判和执行，对贸易新时期的贸易环境是很重要的。

通过 IoT、巨型数据、人工智能、机器人等技术革新而横跨产业的"第四产业革命"的浪潮，以创新的产品和服务的实现来跨越国境，给社会的各个角落带来了变化的征兆。对于这样的变化，日本产业要想取得胜利，必须找出自身的优势，利用强大的技术力和竞争力，构建新产业社会。

---

① 资料来源：日本产业省 2017 年 10 月发布的《通商白皮书》（http：//www. meti. go. jp/report/tsuhaku2017/2017honbun/index. html）。

3.2.2　国际组织的评价

3.2.2.1　OECD

OECD 的报告①对日本非常规货币宽松政策的潜在成本和副作用进行了估算。第一，资产价格会暴涨：随着收益率曲线上利率的下降，政府债券价格大幅上涨，但收益率下降。2016 年 8 月，80% 的政府债券收益率为负，包括 10 年期债券。第二，2016 年 9 月转向量化宽松政策，实行收益率曲线控制，目标是债券收益率，而不是债券购买量，这可能会限制对政府债券市场的负面影响。在新的政策框架下，日本中央银行可能需要比以前购买更少的政府债券。第三，近年来，银行的资产回报率一直低于危机前的水平，许多银行的股本回报率低于日本的估计股本成本。然而，负利率对银行的直接影响是有限的，因为负利率对银行准备金的影响只占 4% 左右。因此，银行准备金的平均利率仍然为正，银行继续赚取正利息收入。2017 年 1 月，日本银行业股价在宣布负利率时上涨了 8%。2016 年金融机构贷款余额增长 2.2%，2017 年初有所回升。然而，长期的低利率和负利率，对养老基金，以及提供承诺回报（危机前）或固定名义回报的寿险保单的金融机构会造成更大的压力和挑战。随着量化宽松与收益率曲线控制的采用，以及长期利率的上升，保险和养老产品的投资环境变得更加有利。第四，事实上的不良贷款日益增多。尽管日本的退出率低于其他主要经济体，但自 2001 年以来仅略有下降。这并不意味着问题贷款的绿化会有任何显著的增长。第五，大规模资产购买可能会带来退出量化宽松的挑战。日本中央银行持有的大

---

① 资料来源：OECD Economic Surveys：Japan，OECD，www. oecd. org/eco/surveys/economic - survey - japan. htm.

量政府债券可能会让退出量化宽松变得困难。展望未来，在制定退出战略时，日本可能会借鉴其他主要经济体退出量化宽松的经验。然而，鉴于日本中央银行资产负债表相对于 GDP 的规模远大于美联储或欧洲中央银行，退出将是日本中央银行面临的一个重大挑战。对于金融机构来说，退出的影响难以确定。

3.2.2.2　UNCTAD

UNCTAD 认为，新的投资限制或规章主要反映对国家安全与外国拥有土地和自然资源的关注，日本对它的外国投资审查机制进行了修正，主要是为了澄清规则和解决在适用中的缺陷。①

日本还提出了一系列政策（例如，新型机器人战略、日本复兴战略、产业集群政策、产业竞争力增强法案、促进创新的倡议、提升制造技术基本法、支持日本中小企业的新商业活动），来帮助本国产业恢复强大，提高全球竞争能力。由于情况和目标的不同，一揽子政策可能大相径庭。例如，在工业化国家中，日本主要依靠汽车和电子工业创造了其强大的出口业绩，它已经实施了多样化措施，并加强了其制造弹性。

3.2.3　日本学者的评价

Tobias 考察了日本的贸易优惠对其多边关税削减的影响，发现在乌拉圭回合多边贸易谈判中，日本的普遍优惠制（GSP）成为该国对外关税自由化的绊脚石②。Tetsuji 和 Nobuhiro 利用可计算的一般均衡模型和蒙特卡洛模拟，量化了生产率冲击和主要大

---

① 资料来源：UNCTAD 发布的《世界投资报告（2018）》（https：// unctad. Org /en / pages /Publication Webflyer. aspx？ Publicationid = 2130）。

② TOBIAS D KETTERER，DANIEL M BERNHOFEN，CHRIS MILNER. The impact of trade preferences on multilateral tariff cuts：Evidence for Japan ［J］. Journal of The Japanese and International Economies，2015，38.

米出口国对日本出口配额的福利影响，发现几乎没有证据表明日本遭受这种冲击①。

Hidetaka Yoshimatsu 认为，日本通过与美国更密切的政治联系参与 TPP 谈判，作为对中国的软平衡，削弱了中韩积极参与三边自由贸易区的意愿。因此，这三个国家对三边自由贸易区的承诺主要受限于它们响应亚太地区政治—经济演变的具体外交目标②。

Hidetaka Yoshimatsu 认为，日本政府利用国家主导的发展方式，通过制度化的政府与企业合作来维持基础设施系统的出口。日本政府在基础设施出口倡议中奉行双重目标，即创造新的增长引擎，振兴日本经济，加强与亚洲国家的战略联系，以平衡中国的区域影响③。

Shigeki Shibata 相信日本在制定国际经济政策时，旨在达到以下三个方面的效果：一是贸易自由化，减少西方国家对其出口产品的限制；二是为促进发展中国家稳定和贸易自由化提供国际援助；三是为促进其国际贸易和提高其国际地位提供经济援助。为了使新兴国家顺利地融入国际体系，在考虑政策互动的同时，不仅需要国家本身，也需要其他国家采取综合措施④。

① TETSUJI TANAKA, NOBUHIRO HOSOE. Does agricultural trade liberalization increase risks of supply – side uncertainty?：Effects of productivity shocks and export restrictions on welfare and food supply in Japan ［J］. Food Policy, 2011, 36 （3）.

② HIDETAKA YOSHIMATSU. Diplomatic Objectives in Trade Politics：The Development of the China – Japan – Korea FTA ［J］. Asia – Pacific Review, 2015, 22 （1）.

③ HIDETAKA YOSHIMATSU. Japan's export of infrastructure systems：Pursuing twin goals through developmental means ［J］. The Pacific Review, 2017, 30 （4）.

④ SHIGEKI SHIBATA. Emerging countries' dilemmas in multilateral frameworks：The case of the Japanese "miracle" ［J］. Asian Education and Development Studies, 2018, 7 （4）.

3.2.4 对日本经济政策的评价

20世纪90年代以来，日本经济疲软，传统的财政货币政策解决现实问题的能力不足。在此背景下，量化宽松货币政策作为一种非传统的政策手段开始占据主导地位。该政策引入基础货币量控制目标，进一步扩大资产购买量，显著降低了利率，缓解了通货紧缩，改善了出口企业状况，暂时缓解了经济问题，短期之内效果显著。但是，从另一个方面来说，除非推进制度改革和产业重构，否则无法彻底解决困扰日本经济增长的结构性问题和制度性问题，量化宽松货币政策也无法从根源上解决日本长期存在的问题，对经济的刺激效果维持时间恐难以长远。

首先，量化宽松政策短期刺激效果显著。2016年末，日本基础货币量达到437.43万亿日元，2017年平均基础货币量为477万亿日元。

长期的、大力的量化宽松政策，对日本的短期经济带来了诸多显著的效果：（1）利率显著、持续下降。10年期日本国债收益率从2013年5月的0.867%降至2015年5月的0.331%。（2）刺激经济增长，缓解通货紧缩。量化宽松政策在短期来看的确对日本经济增长产生了正面作用，缓解了通货紧缩。（3）出口企业经营状况不断得到改善。实行量化宽松货币政策以来，日元贬值，出口企业产品具有价格优势，提升了在国际市场上的竞争力，出口开始恢复。

其次，量化宽松政策治标难治本，长期效果难以为继。

量化宽松货币政策长远来看效果会逐渐弱化，达不到预期的效果，更难以使日本走出通货紧缩和长期衰退的泥潭。

最后，国际贸易与投资领域继续推进自贸协定进程，助力"安倍经济学"持续深化。

TPP 在安倍政权对外贸易政策中占有绝对重要的地位，日本积极推动 TPP 谈判进程。通过推进 TPP 和日欧 EPA，日本试图促进在国内农业、金融、保险、医疗等领域改革的同时，寻求日本利益的最大化。虽然美国退出了 TPP 谈判，但安倍政权坚定地在维持既定 TPP 规则的基础上继续推进并完成了 TPP 11 和日欧 EPA 谈判，重点推进 RCEP 谈判。日本还积极利用东亚地区的中日韩三国合作机制来应对特朗普外贸政策。

3.3　我国与日本经济合作的建议

3.3.1　我国与日本经济合作的现状

中国和日本是当前在亚洲占有重要地位的两个经济大国。中日经济合作不仅对两国的经济整合有直接的带动作用，还对亚太区域经济力量的加强和世界经济的稳定发展具有重要的意义。目前，中国已经成为日本最重要的贸易伙伴之一。

自由贸易区（FTA）作为国家间经济合作的一种重要形式，自 20 世纪 90 年代以来在全球范围内迅速扩展。作为亚洲最大的三个经济体，中日韩三国对建立自由贸易区的讨论由来已久。1998 年，时任韩国总统金大中首次提出了构建中日韩自由贸易区的设想，并得到了中国政府和日本政府方面的积极响应。当前中日韩自贸区谈判稳步推进，取得了积极进展。在当前全球经济低迷、贸易保护主义、单边主义盛行的情况下，中日作为全球第二、第三大经济体，共同推动 RCEP 和中日韩 FTA 的谈判进程，释放出了积极推动区域经济发展的明确信号。

2019 年 G20 峰会将在日本大阪召开，届时中日合作有望更进一步。

3.3.2 基于 GTAP 模型的中日自贸区模拟与经济效应预测

GTAP 模型可以在一般均衡框架下，模拟出政策的调整对于一个国家或者地区贸易、经济等的影响。下文利用 GTAP 9.0 模型模拟中日自贸区协议达成对中日两国经济、进出口贸易整体以及各部门贸易的影响。

3.3.2.1 模拟情景设定

GTAP 9.0 数据库包含了 140 个国家与 57 个部门，国家与部门可根据研究需要重新组合。我们仅考虑中日两国的合作关系，因此将 140 个国家重新合并为中国、日本、其他国家。57 个产业部门合并为 14 个部门：谷物与农作物、牲畜与动物产品、林木与渔业、食品加工业、能源与矿产、服装纺织业、轻型制造业、交通运输设备、金属冶炼及金属制品、化工产业、电子机械设备、公用事业与建筑业、通信运输业、其他服务业。

由于中日并没有真正达成自贸区协定，没有真实的 FTA 模式，因此我们参考中韩自贸区协定的模式进行模拟。

3.3.2.2 宏观经济效应预测

在模拟情景下，考虑"中国 GDP 变动""日本 GDP 变动""世界 GDP 变动""中国福利变动""日本福利变动""世界福利变动""中国进出口变动"等方面。GTAP 9.0 模拟计算结果如表 4 所示。

表 4 模拟情景下各指标模拟计算结果

经济效应	中国 GDP 变动（亿美元）	中国 GDP 变动（%）	日本 GDP 变动（亿美元）	日本 GDP 变动（%）
模拟计算结果	2163.24	2.69	1353.78	1.89
福利变动	中国福利变动（亿美元）	中国福利变动（%）	日本福利变动（亿美元）	日本福利变动（%）
模拟计算结果	2447.93	3.04	2019.47	2.11
中国外贸影响	进口变动（亿美元）	进口变动（%）	出口变动（亿美元）	出口变动（%）
模拟计算结果	2151.07	10.11	1665.11	6.62
日本外贸影响	进口变动（亿美元）	进口变动（%）	出口变动（亿美元）	出口变动（%）
模拟计算结果	1695.51	10.81	-1057.41	-6.68

解读模拟情景下各指标对冲击的反应，我们可以得到以下结论：

一是从经济增长角度来看，中日自贸区对中日双方是双赢的选择。中日两国和世界的 GDP 都得到提升，中国 GDP 变动幅度高达 2.69%，日本虽然只有 1.89%，但对于改善日本国内经济低迷的状态来说，是非常好的途径。对世界经济而言，中日合作也会起到推动全球经济增长的作用，有助于全球经济的稳定复苏。

二是从社会福利的角度来看，对双方和世界也能起到积极的作用。GTAP 中的福利是用于描述地区效用的指标。中国福利变动幅度达到 3.04%，日本福利提高 2.11%，世界福利提高 1.03%。

三是从国际贸易的角度来看，中国的进口和出口都得到了提高，但进口变动的幅度要高于出口，因此中国的贸易顺差可能会减小。对日本来说，进口增加，出口减少，会导致贸易顺差减小或者贸易逆差增加。这与之前中日自贸协定谈判中日本对中国农产品冲击的担忧不谋而合。

四是尽管中日自贸区有可能对中日两国的贸易条件带来一定的负面影响，但综合考虑对经济增长和福利增长的正面影响，利大于弊。考虑到这个结果是参考韩国自贸协定的条件而进行的模拟，因此，如何设计中日自贸区的框架，实现双方共赢的局面，是未来需要进一步协商的。但积极推进区域经济合作，正确引导国内产业结构升级，是大势所趋。

3.3.2.3 部门经济效应预测

我们对模拟情景下中日各部门的产出、进口、出口情况进行预测，得到的结果如表5、表6和表7所示。

表5　　　中日自贸区下中日各部门产出变动预测　　单位:%

部门	产出变动		部门	产出变动	
	中国	日本		中国	日本
谷物与农作物	-2.10	-3.48	交通运输设备	1.58	-9.09
牲畜与动物产品	-0.16	-4.91	金属冶炼及金属制品	1.28	-8.22
林木与渔业	-1.22	-1.42	化工产业	0.83	5.09
食品加工业	0.02	0.17	电子机械设备	2.16	5.37
能源与矿产	-9.33	-15.58	公用事业与建筑业	3.89	11.29
服装纺织业	-4.37	-7.72	通信运输业	0.74	0.40
轻型制造业	-3.23	-7.09	其他服务业	1.07	1.44

我们可以得出以下结论：

一是就产出而言，两国食品加工业、化工产业、电子机械设备、公用事业与建筑业、通信运输业、其他服务业的产出都有所增长。其中，公用事业与建筑业、电子机械设备增长最为明显。双方的农产品产量都有所下降，呈现出产业结构由第一、第二产业向第三产业转移的趋势。

二是中国各部门产出增幅居前三位的分别是公用事业与建筑业、电子机械设备、交通运输设备，日本各部门产出增幅居前三位的分别是公用事业与建筑业、电子机械设备、化工产业。

三是中国各部门产出降幅居前三位的分别是能源与矿产、服装纺织业、轻型制造业，日本各部门产出降幅居前三位的分别是能源与矿产、交通运输设备、金属冶炼及金属制品，且降幅明显。

表6　　　　中日自贸区下中日各部门出口变动预测　　　单位:%

部门	出口变动		部门	出口变动	
	中国	日本		中国	日本
谷物与农作物	-3.16	-22.28	交通运输设备	8.78	-8.88
牲畜与动物产品	10.75	-6.38	金属冶炼及金属制品	16.11	10.59
林木与渔业	1.54	-12.69	化工产业	13.38	15.10
食品加工业	0.09	-19.37	电子机械设备	13.43	6.56
能源与矿产	-2.75	-3.91	公用事业与建筑业	14.41	11.41
服装纺织业	-6.62	2.81	通信运输业	1.40	-3.10
轻型制造业	-7.06	-15.50	其他服务业	3.89	2.43

我们可以得出以下结论：

首先，日本农产品出口均有所减少，且十分明显。中国除谷物与农作物出口下降外，其他农产品出口上升。

其次，两国能源与矿产、轻型制造业出口均出现下降，金属冶炼及金属制品、化工产业、电子机械设备、公用事业与建筑业、其他服务业出口均有所上升。

再次，中国各部门出口增幅居前三位的分别是金属冶炼及金属制品、公用事业与建筑业、电子机械设备，日本各部门出口增幅居前三位的分别是化工产业、公用事业与建筑业、金属冶炼及金属制品。

最后，中国各部门出口降幅居前三位的分别是轻型制造业、服装纺织业、谷物与农作物，日本各部门出口降幅居前三位的分别是谷物与农作物、食品加工业、轻型制造业。

表7　　　　中日自贸区下中日各部门进口变动预测　　　单位:%

部门	进口变动		部门	进口变动	
	中国	日本		中国	日本
谷物与农作物	8.73	4.12	交通运输设备	8.43	8.81
牲畜与动物产品	15.27	17.89	金属冶炼及金属制品	13.48	20.11
林木与渔业	5.07	4.91	化工产业	9.43	10.67
食品加工业	7.34	13.85	电子机械设备	10.66	19.51
能源与矿产	12.15	11.14	公用事业与建筑业	11.85	11.74
服装纺织业	14.87	13.29	通信运输业	9.53	12.77
轻型制造业	15.38	9.10	其他服务业	12.50	13.96

我们可以得出以下结论:

第一，中日两国各部门的进口均有所增加，且增幅明显。

第二，中国各部门进口增幅居前三位的分别是轻型制造业、牲畜与动物产品、服装纺织业，日本进口增幅居前三位的分别是金属冶炼及金属制品、电子机械设备、牲畜与动物产品。

3.3.3　我国与日本经济合作的建议

中国经济呈现稳定、韧性强的发展势头，而"安倍经济学"的实施使日本经济呈现温和复苏的态势。从贸易结构上看，中日之间有很强的互补性，双方存在明显的互补关系，这也是两国关系波折不断而双边贸易依然保持强劲势头的原因之一。

从国际环境来看，在应对美国政府的贸易保护主义问题上，中日两国有共同利益，有利于促使中日走向深度合作。

中国与日本在经济上应该加强多领域的分工合作，实现优势互补、共同发展的合作局面。

第一，继续和日本加强协调，争取日本对于"一带一路"的进一步支持。

第二，继续推进中日韩自贸区的谈判。中日韩三国 GDP 总量占全球的 20% 以上，占亚洲的 70% 以上，建立自贸区对三国而言有重大经济利益。三国在经济和产业发展方面各有优势，建立中日韩自贸区有助于充分发挥三国间的产业互补性。降低或消除中日韩三国之间贸易和投资壁垒，能够让自贸区内的各项资源配置更加合理，从而提升生产效率，扩大贸易互惠能力。

第三，积极鼓励互补性商品的进出口，加强高科技企业的投资引导和科研合作。中日贸易结构的互补性将为中日经贸合作的发展和扩大提供强劲动力。日本在半导体制造设备、矿山和建设机械及半导体等电子零件等行业具有很高的技术水平，中国的"中国制造 2025"需要更多具备高科技性质的外资企业来华投资。扩大日本的机器人、人工智能、生命科学、新能源汽车等企业在中国投资的机会，提升半导体、机床设备等日本优势产品对华出口的规模有利于"中国制造 2025"计划的顺利推进。现在，中国人工智能、大数据等新经济的发展也是非常值得日本进一步合作的。

4 日本经济发展展望

4.1 GDP

日本银行的官方报告中指出，展望未来，日本经济可能会继续温和扩张。随着国内外需求的增长，经济可能会保持温和扩张。具体来说，在海外经济整体稳健增长的背景下，预计出口将继续适度增长。与经济扩张相适应的国内产能扩张、奥运会相关投资、劳动力短缺导致的劳动节约型投资等企业固定资产投资预计也将继续出现增长。在金融宽松、稳步增长的条件下，随着就业和收入状况继续改善，私人消费可能会保持增长势头。与此同时，在奥运相关需求和补充预算的支撑下，公共投资预计仍将保持在较高水平。在此基础上，产出缺口可能继续改善。预计到2019 年和 2020 年，日本经济将继续呈现扩张趋势，增长速度将与 2018 年度持平。日本银行在 2018 年 7 月的《经济价格形势展望》中预测，2018 财年（2018 年 4 月 1 日至 2019 年 3 月 31 日）日本经济增长 1.5%，比 4 月的预测调低 0.1 个百分点；CPI 增长 1.1%，比 4 月的预测调低 0.2 个百分点。国际货币基金组织 2018 年 7 月预测，2018 年日本经济增速为 1%，比 4 月的预测调低 0.2 个百分点；2019 年日本经济增速为 0.9%，与 4 月的预测持平。

日本经济研究中心预计 2018—2020 年日本 GDP 将持续增长。其中，2018 年的 GDP 增长率约为 1.2%，2019 年约为 0.9%，而 2019 年第四季度可能出现负增长（−1.2%），原因在于国内需求的下降。考虑到以个人消费为中心的国内需求低迷，日本经济的不稳定处境需要谨慎面对。

2018 年，日本经济增长之路颇为坎坷，在经历年初的意外下挫之后初步呈现回升迹象，自然灾害等因素导致经济再次大幅下跌。但无论是从国内看还是从国际看，均面临喜忧参半的形势，增长压力不容忽视。总体考虑两方面的影响因素，我们预计 2019 年日本经济将呈现小幅回升并保持中低速增长的走势。

4.1.1 有利因素

受量化宽松货币政策和国际上对安全资产的需求等因素影响，日本股市上扬，2018 年 9 月 28 日盘中，日经 225 指数一度触及 24286.1 点，创下 1991 年 11 月以来新高，财富效应或将成为经济增长的推动因素。2018 年 8 月，日本制造业 PMI 为 52.5，高于 7 月 51.8 的水平，环比增加 0.2%，日本制造业经营状况有所改善。第二季度，日本企业利润为 26.4 万亿日元，明显高于第一季度 20.2 万亿日元的利润水平，达到历史高点。另外，新经济刺激方案出台、东京奥运会投资形成的拉动效应、消费税税率上调时间推迟也是有利于短期经济上行的重要因素。在金融环境高度宽松和政府支出支撑的背景下，企业固定投资（如与经济扩张相适应的国内产能扩张、与奥运会相关的投资、解决劳动力短缺的劳动节约型投资等）可能会继续增长。

4.1.2 风险与挑战

2018 年经济增长的波动也反映出存在多项造成经济下行压力的风险与挑战，而正是这些风险和挑战削弱了经济政策的有效性。一是经济复苏的态势仍不稳固。2018 年第三季度，日本商业信心指数跌至19，在2017年第四季度26的水平上连续三个季度下挫。[①] 7月，产能利用率指数跌至99.2（2010＝100），低于6月99.8的水平，连续第3个月下挫。9月，日本消费者信心指数为43.4，略高于8月43.3的波谷，但仍位于2017年1月以来的较低水平。二是贸易保护主义和全球货币政策分化，增大了国际市场的挑战。日本是外向型特征明显的国家，这对日本来说风险尤为巨大。尽管日美已就货物贸易问题达成协定，但一旦贸易战打响，日本经济将损失严重，且一旦中美之间的贸易摩擦升级，日元升值压力有所增加，将进一步打击日本的贸易出口。2018年9月26日，美联储宣布加息25个基点，将联邦基金目标利率区间上调至2%～2.25%，这是美联储年内第三次和2015年12月以来第八次加息，货币政策分化态势加剧为日本经济增长带来潜在的下行风险。日本经济增长面临几大根本性问题，例如少子化、老龄化、结构性改革、创新形成内生性经济增长动力等。这些根本问题若不能有效解决，日本量化宽松的货币政策效果势必会被削弱，经济增长的中长期预期将难以维系。三是随着国内需求放缓，经济增长减速。具体来说，无论是2019年还是2020年，私人消费的增长速度预计都将是温和的，主要原因是计划中的2019年10月消费税税率上调，私人消费增长届时可能暂时转为下降。到2020年，企业固定投资增速可能会逐步放缓，主要反映在经济长期扩张后资本存量周期性调整，以及奥运相关需求见顶；然而，增速放缓预计将是温和的，部分原因是出口增加导致固定投资需求增长，虽然2018年有所恶化，但世界贸易额将持续回升，从主要地区来看，美国经济一直在扩张，欧洲经济也在继续复苏，中国经济继续保持平稳增长，其他新兴和商品出口经济体总

---

① 资料来源：Outlook for Economic Activity and Prices, Bank of Japan, 2018. 10.

体上也在温和复苏。

综上所述,未来短期内日本经济有望随着全球经济复苏的热潮延续复苏的势头,但受政策空间的有限性、内生动力的缺乏以及外部风险的不确定性等因素制约,日本经济低增长态势将延续较长一段时间。下一阶段,尽管日本经济陷入经济萧条的可能性很小,但是经济增长面临的阻力不容忽视,经济复苏的过程中仍有可能出现反复。

GDP 的增长变化会受到诸多因素的影响,比如生产、消费等,这些都是已知的影响因素,还存在一些难以预料的影响因素。因此,我们根据以往的日本 GDP 数值变化趋势,建立灰色预测模型,旨在对日本未来 5 年的 GDP 变化趋势进行猜想,而不是对 GDP 具体数值进行预测。根据模型的预测结果,2020 年日本GDP 将增长到 62275 亿美元,今后 3 年的 GDP 年增长率约为0.61%。日本经济将在接下来的几年里保持一定幅度的增长,增长率有望超过其潜在水平。

4.2 CPI

4.2.1 OECD[①]

未来在物价方面,OECD 认为日本通货膨胀率会小幅上升,但是要达到日本政府 2% 的目标仍需要很长时间。为了完成这一目标,日本政府很有可能继续实施量化宽松货币政策,但是在实施的同时需要注意随之而来的风险。目前日本政府债务总额继续上升,在 2016 年达到 GDP 的 219%,是经合组织中最高的。虽然

---

① 资料来源:OECD Economic Surveys:Japan, OECD, www. oecd. org/eco/surveys/economic - survey - japan. htm.

在 2014 年，日本政府上调了消费税税率，在一定程度上降低了赤字，但政府债务比率仍不断上升。

鉴于日本政府持有大量资产，净债务将大幅减少。然而，日本净债务比率仍然在迅速上升，未来日本政府的基本赤字将接近GDP 的 5%，这将进一步推高债务水平。虽然目前高债务的影响通过日本中央银行实施的低利率政策得到缓解，但是日本中央银行低利率政策的最初目的是通过货币宽松政策拉升通货膨胀率，一旦通货膨胀达到目标并逐步停止购买中央银行债券，低利率政策所带来的缓解效果就会慢慢削减，政府债券市场的前景仍不确定，届时经济有可能再次陷入低迷。到那个时候，物价可能重新回到现在的水平。因此，如何解决好政府负债问题，可能是影响未来日本物价发展变化的一个重要因素。

OECD 预测，日本政府主要的财政赤字可能要持续到 2024 财政年度。日本政府在制定政策时需要考虑到这方面的影响。高额政府债务会对财政可持续性的信心造成影响，可能会破坏金融部门和实体经济的稳定，在对日本国内经济造成巨大影响的同时，也会给世界经济带来巨大的溢出效应。

4.2.2　日本银行[①]

关于未来物价走势的预测，日本中央银行认为可能对价格指数产生影响的因素包括以下几个方面：

第一，企业和家庭中长期通货膨胀预期的发展。尽管通货膨胀预期可能跟随上升趋势，但如果企业的立场需要比预计更长的时间才能转向进一步提高工资、物价和实际通货膨胀，那么通过适应性形成机制，这种预期的上升可能会滞后。价格指数表现出

---

① 资料来源：Outlook for Economic Activity and Prices, Bank of Japan, 2018.10.

的反应相对迟缓。

第二，价格对产出缺口的响应性。如果企业通过提高生产率来吸收价格成本上升压力的努力持续很长时间，或者企业之间的竞争进一步加剧，部分是由于近年来的技术进步和分配制度的变化，价格下降压力源于这些因素持续的时间可能比预期的要长。此外，房地产市场价格的低迷也可能继续长期抑制 CPI 通货膨胀的上升。

第三，未来汇率和国际商品价格的发展，以及这种发展将扩展到进口价格和国内价格的程度，都有可能对价格造成影响。

根据这几方面的因素，日本中央银行的最新报告对未来的通货膨胀率进行了预测，结果如表 8 所示。

表 8　　　　　　　　日本银行对通货膨胀率的预测

年份	通货膨胀率
2018	0.9% ~ 1.0%
2019	1.8% ~ 2.0%
2020	1.9% ~ 2.1%

预测结果基于以下依据：

首先，产出缺口在未来会继续扩大。2018 财政年度，无论是在资本方面还是在劳动力方面，产出缺口预计都将保持继续扩大的趋势，这反映了国内外需求的增长。从 2019 财政年度开始，虽然这种扩张很可能会暂停（主要原因是消费税税率上调），但预计产出缺口将保持实质上的积极方向。

其次，近期中长期通货膨胀预期基本保持不变。这种预期有可能会随上升趋势逐渐收敛到 2%。因为随着价格进一步上涨，产出缺口保持正值，之后日本国内的通货膨胀预期可能由于观察到的通货膨胀率的上升而被推高。另外，日本银行将通过推行货币宽松政策来达到通货膨胀率 2% 的目标，这一举动将有效推动通货膨胀预期。

最后，进口价格的变动。原油价格的上涨将推高 2018 财政年度的能源价格，但这种影响可能适度减弱。

关于物价前景，CPI 同比增长速度在短期内可能加快，原因包括：（1）对经济活动变化敏感的商品，包括私人消费的适度增长而引致的餐饮食品及与日用品有关的商品价格将逐步加速上升。（2）企业通过增加节省劳动力的投资和精简业务流程的方式来解决劳动力成本的问题并同时限制工资增加的情况，虽然目前在日本国内仍然比较盛行，但是呈现扭转的趋势，之后随着企业立场的转变，在一定程度上会提高工资和物价，并且与此同时，家庭的通货膨胀预期会随着物价上涨而增加。这些在一定程度上都使 CPI 的年同比变化率有可能在短期内逐渐上升到 2%。

从长远来看，实际工资将与劳动生产率保持一致。在这种情况下，实际工资的增长速度有可能逐渐加快，赶上劳动生产率的提高。也就是说，名义工资的增长率将在未来可能超过 CPI 的增长率，这在一定程度上反映了劳动力市场的紧张状况。工资的增长可能通过提高家庭收入来推动消费，进而有助于 CPI 的提高。

4.2.3 物价变动预测

根据前文中的日本物价指数数据，我们采用时间序列分析法进行预测，建立模型，得到图 1。在未来 5 年，日本的物价指数仍会出现波动，但 2% 的通货膨胀率目标在短期内难以达到。想要达到这一目标，仍然需要解决其他更根本的问题。

一是日本政府的货币政策。自安倍政府执政以来，日本政府就一直在推行量化宽松的货币政策，日本国内的 M_2 增长率自

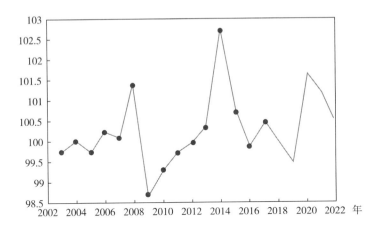

图 1　日本物价指数及其预测

2010 年以来持续上升，并且日本政府也以通货膨胀率为目标来制定其货币政策。但是，通过增加货币发行量来拉动通货膨胀率的方法并不能一劳永逸。通货膨胀率在随着 M_2 增长率上升了一段时间后又有所回落。因此在未来，虽然日本中央银行会继续为了提升通货膨胀率而增加货币发行量，但是这种刺激方式带来的影响会慢慢减弱，因此长远来看以这种方式提升通货膨胀率，效果并不能持久。

二是日本国内消费的影响。日本国内长时间的通货紧缩，使日本社会的通货膨胀预期十分低，这导致其国内的消费水平增幅一直不大。从 2003 年至 2016 年，日本国内的消费只有在 2008—2011 年有过一段持续增长的情况。2011 年之后，日本国内的消费水平再次下降，消费增长率下降为负数。消费增长率下降带来的一个影响就是物价走低，而较低的物价又会反过来形成一个更低的通货膨胀预期，使日本的国内消费增长率继续下降。能否打破这一恶性循环，是能否提升日本物价水平的另一个关键因素。

综合来看，日本国内的物价水平在短期内可能会继续小幅上涨，但是想要达到日本政府所制定的 2% 的通货膨胀率目标比较困难。日本政府为了提升通货膨胀率而实施的货币宽松政策虽然在短期内仍然可以使物价上升，但是从长期来看，这种政策所带来的影响会慢慢减弱，并且不加限制地增加货币发行量会导致政府出现财政危机。因此，日本政府要根本性地解决物价问题，还是需要刺激消费，进而增加日本国内的通货膨胀预期。

4.3　就业与收入

随着就业与收入情况继续改善，预计私人消费会有温和的增长趋势，但是日本银行认为可能存在一定的风险，因为原定于 2019 年 10 月实施的消费税税率上调前后的影响、前期负荷增加和随后需求下降的影响，以及实际收入下降的影响，很可能取决于消费者情绪、就业和收入状况，以及价格走势。目前，日本劳动力市场供求状况持续趋紧，近期职工收入增速加快。日本银行报告提到，以劳动力调查为基础的雇员人数年变化率约为 2%。在此背景下，活动职位空缺申请比一直处于较高水平且超过泡沫时期的峰值，2018 年失业率一直在徘徊在 2.5% 左右。

在工资方面，尽管有波动，但每位员工的现金收入总额呈温和增长趋势。根据名义工资的变化情况，在全职和兼职雇员工资上涨的推动下，现金收入继续适度增长。尽管全职员工的计划现金收入同比增幅保持在 0.5% 左右，但兼职员工的小时计划现金收入平均增长为 2%，增幅相对较高。与此同时，尽管新鲜食品和能源价格的变化导致了价格波动，但每位员工实际工资的同比增幅基本持平。由于上一财政年度通货膨胀率上升和劳动生产率的改善变得更加明显，日本银行预计全职雇员预定现金收入的增长速度将温和加快，而基本工资的增长速度也会加快。随着劳动力市场条件进一步收紧和最低工资标准提高，兼职员工按小时计酬的增长速度也可能稳步增加。在这种情况下，预计员工的整体小时现金收入将以与劳动生产率名义增长几乎相同的速度适度增长，且员工的增长速度将会进一步加快。

OECD 在报告中指出，尽管日本劳动力市场状况处于 25 年来最严峻的时期，但工资增长依然疲软。较低的工资增长率意味着人均收入增长缓慢。日本正式员工与非正式员工之间的收入差距非常明显，未来这一差距可能会继续扩大，并且日本非正式员工的数量正在增加，这对人均收入的增长和人民生活水平的提高都有不利影响。考虑到这些因素的综合影响，预计未来日本工资水平将温和、低速增长。

根据前文的人均收入数据，我们利用灰色预测模型来分析未来人均收入的变化趋势。结果显示，在未来 5 年里，日本的人均收入是缓慢增加的，到 2022 年能达到 49346.65 美元/人，平均年增长率为 0.59%。这与预测的 GDP 增长率相差不大，也符合人均收入与 GDP 呈正相关的规律。

4.4　能源

根据日本能源总消耗数据，我们利用灰色预测模型预测未来 5 年日本国内的能源总消耗。未来 5 年，日本国内的能源总消耗将延续最近 10 年的下降趋势（见图 2），主要原因是生产技术的进步。

日本国内的能源总消耗在最近 15 年间持续下降，这说明日本国内的能源利用效率正在逐步增加。日本每单位能源所能创造出的 GDP 数量在最近 15 年间稳步上升，最近 5 年这种上升的趋势十分稳定（见图 3）。这得益于日本政府近些年大力推行的环保政

百万油当量

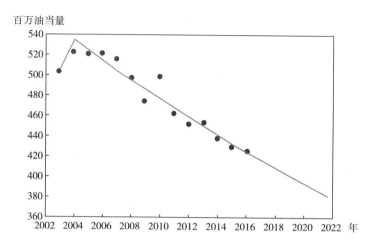

图2 日本国内能源总消耗走势及预测

策，以及新能源的应用，新能源在日本总能源的占比也在逐渐增加。这在很大程度上增加了日本能源的利用效率。

美元/吨油当量

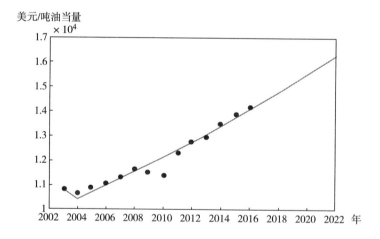

图3 日本每单位能源创造的 GDP 走势及预测

正如前文所述，日本政府制定的政策目标是到 2030 年，将温室气体排放量从 2013 年的水平减少 26%。日本政府的这个计划中温室气体排放目标能否达成，在很大程度上取决于核能、低碳源等新能源的利用，以及核管理局批准的核电站能否安全地重新启动。现在日本国内只有三个核反应堆在商业运作。在经历了福岛核泄漏之后，目前日本的核电安全要求和审核机制是世界上最严格的。目前日本的核电监管机构正在审查 23 个核反应堆。根据日本政府的减排计划，核电最终将生产 20% ~ 22% 的电力，但仍然只是 2011 年以前规模的一半左右。

日本政府为了实现这一目标，需要加强对新能源的审批工作。这不仅能够帮助日本实现减排目标，还可以解决日本自身资源匮乏的问题，减少资源进口，缓解在能源进口方面的压力，降低对能源出口国的依赖。能源供应不足会使本国经济发展缺少动力，因此日本政府在推行环保政策的同时，需要保证自身经济发展所必需的能源供给。

综合来看，随着技术的不断进步，未来日本的能源消耗将会进一步下降，单位能源所带来的经济效应也将继续增加。

4.5　日本国际贸易与投资

4.5.1　日本银行

日本银行的官方报告指出，从日本的主要贸易和投资国家及地区来看，美国经济一直在扩张，欧洲经济继续复苏，虽然增速有所放缓。中国经济总体上继续保持稳定增长。其他新兴和商品出口经济体总体上温和复苏。故就前景而言，日本银行预计今后几年海外经济总体上将继续稳健增长，发达经济体和新兴经济体的国内需求保持稳定，其积极影响通过贸易活动相互传播。[①] 日

---

　　① 资料来源：Outlook for Economic Activity and Prices, Bank of Japan, 2018. 10.

本银行预计 2018 年日本进出口仍将继续保持适度增长趋势。在此情形下，日本名义经常账户盈余可能会适度增加。

4.5.2 日本国内学者预测

经济研究日本中心的首席预测官 Shinichi Nishioka 认为，在全球经济稳定增长的刺激下，日本的企业部门仍将处在一个较好的环境下，温和的出口和生产增长仍是可期的。海外资本投资和汽车销售市场稳健，相关的出口正在增长。虽然智能手机的需求在调整，但是在数据中心和用于汽车的半导体需求的支撑下，与信息技术相关的商品的出口增长预期仍将继续。美国的国际贸易政策和欧洲的政治局势是正在上升的海外风险，如果这些风险爆发，其副作用会引发经济的下行。[①]

4.5.3 国际机构的预测

2018 年 4 月《世界经济展望》（WEO）强调的若干下行风险部分成为了现实，例如不断加剧的贸易紧张局势，以及基本面较差的新兴经济体出现的资本流出趋势。在这种好坏参半的全球经济增长格局下，已有迹象显示贸易增长正在放慢。2018 年 10 月将 2018—2019 年全球经济增速预测调整为 3.7%，比 2018 年 4 月《世界经济展望》预期的水平低 0.2 个百分点。

联合国贸易和发展会议发布的《贸易和发展报告（2018）》利用联合国全球政策模型（GPM）就美国贸易保护主义对世界贸易的影响进行了模拟分析，报告认为强加这些单边关税不会有助于减少这些反映宏观经济失衡的赤字，而且如果采取报复行动，

---

① SHINICHI NISHIOKA. Japan Center for Economic Research ［J］. Economic Expansion Amid Uncertainty, 2018, 8：22.

情况可能会变得更糟。朝着这个方向移动,可能会破坏目前全球贸易的主流价值链。

OECD 对日本的国际贸易情况进行预测(见表 9),认为 2018 年日本的进出口增长率都将出现下降,这种情况必须到 2020 年以后才能恢复。不过,近几年,经常项目收支稳定为盈余的状况仍将保持不变。

表 9 OECD 对日本进出口情况的统计及增长率预测

单位:万亿日元,%

年份 项目	2015	2016	2017	2018	2019	2020
商品和服务出口	93.6	1.7	6.7	2.8	1.4	3.8
商品和服务进口	95.8	− 1.6	3.5	2.6	1.4	2
经常项目收支	—	3.8	4	3.3	2.6	3

数据来源:《经合组织经济展望》(2017)。

4.5.4 本报告的预测

从日本的实际出口来看,虽然其在 2008 年国际金融危机中遭受重创,但是经过几年的恢复,在 2013 年后呈现出缓慢上升趋势。经过 2014—2015 年新兴市场经济减缓的考验后,日本出口在近几年的增速更加明显。日本在世界贸易中的出口份额呈上升趋势,部分原因是日本具有比较优势的 IT 相关商品和资本品需求增加。[①] 同时,由于全球商业固定投资需求的复苏,资本品出口的上升趋势可能会持续。

日本的进口额受能源市场价格变化影响较大,近 15 年日本的

---

① 资料来源:Outlook for Economic Activity and Prices, Bank of Japan, 2018. 10.

能源利用效率一直在提高，故日本原油的进口数量持续下降。2018 年 10 月后，国际原油市场价格暴跌，预计 2018 年日本进口额不会有较大增加。

综上所述，我们预测 2018 年日本进口增长速度比 2017 年略有下降，日本进口增长速度也会因为国际市场原油价格的暴跌而减缓，日本经常账户基本保持平衡，进出口贸易总额增长率约为 5.5%。虽然面临美国贸易争端不断加剧的紧张局势，以及基本面较差的新兴经济体出现的资本流出趋势，但是日本对外投资增加的趋势不会根本逆转，我们预测 2018 年日本的国际投资增长速度将达到 15% 左右。

分报告二

2018 年俄罗斯西伯利亚和
远东地区经济发展报告①

---

① 俄罗斯及俄西远地区数据，除特殊说明外，均来源于俄罗斯联邦统计局。

1 俄西远地区经济地位

1.1 GDP

俄西远地区 2017 年 GDP 为 2310.54 亿美元[1]，比上年增长 1.5 个百分点，占俄罗斯的 15.73%。

1.2 人口、就业和收入

2017 年俄西远地区人口数量为 2545.3 万人，占俄罗斯的 17.38%。

俄西远地区面临的人口问题主要集中在以下两个方面：一是 20 世纪末苏联解体后，俄西远地区人口数量逐年下降，劳动力长期不足，进而影响到资源开发和利用。二是俄罗斯有限的人口主要集中分布在欧洲部分，亚洲部分人口稀少，城乡之间、区域之间差别很大，人口的集中化带来了一系列负面问题。由于近年来俄西远的经济环境持续恶化，人口流失更加严重。

2017 年俄西远地区失业率为 6.87%，比上年下降 0.5 个百分点。就业岗位减少了 8.7 万个，造成失业率降低的主要原因是其适龄劳动力人数减少了 17.9 万人。俄罗斯人口老龄化问题严重，未来几年的趋势是适龄劳动力人数持续减少。

俄西远地区 2017 年人均名义收入为 5577 美元，比世界平均

---

[1] 2016 年俄西远地区 GDP 数据由其占俄罗斯 GDP 的比重推算。

水平低 4789 美元，低于世界平均水平 46.1 个百分点。

1.3 土地

俄西远地区土地面积为 1131.43 万平方公里，占俄罗斯领土面积的 66.1%，占地球陆地总面积的 7.6%。俄西远地区土地辽阔，矿藏丰富，平原地区的土地适宜耕种，地下还存在很多能源。

1.4 进出口贸易总额

俄西远地区进出口贸易总额为 633.7 亿美元，比上年上升 24.0 个百分点。俄西远地区出口贸易总额为 514.1 亿美元，比上年上升 25.1 个百分点；进口贸易总额为 119.6 亿美元，比上年上升 17.9 个百分点。

俄西远地区出口的产品主要为燃料能源产品、鱼类及水产品、木材及其制品、飞行器及其部件、矿石、油籽等，进口产品主要为机械设备及其零部件、电子产品、蔬菜及食品、塑料及其制品、黑色金属制品、交通工具等。

1.5 国际投资

俄西远地区吸收外商直接投资流量为 182.8 亿美元，比上年下降 3.4 个百分点；吸收外商直接投资存量为 98.9 亿美元，比上年下降 33.1 个百分点。

俄西远地区的投资大部分来自俄罗斯国内，2017 年投资总额为 469.3 亿美元，比上年增长 19.6 个百分点。

1.6 国际储备

2017 年 12 月，俄西远地区国际储备为 690.6 亿美元，占世界的 0.5%，比上年增长 12.3 个百分点①。

---

① 按俄西远地区 GDP 占全国比例推算。数据来源于俄西远地区中央银行数据库、国际货币基金组织数据库。

2 俄西远地区经济发展形势

2.1 GDP

2017 年俄西远地区 GDP 增长 1.5 个百分点，占俄罗斯的 15.7%。自 2014 年乌克兰危机以来，欧美国家采取限制出口、金融封锁、降低能源价格等手段，对俄罗斯采取了非常严厉的经济制裁，俄罗斯卢布不断贬值。同时，欧美国家的企业因为在俄罗斯的投资环境恶化而持续离开，导致投资锐减，欧美国家的制裁对俄西远地区经济造成了十分严重的影响。

2.2 CPI

远东地区 CPI 为 104.0%，比上年降低了 1.4 个百分点。西伯利亚地区 CPI 为 103.5%，比上年降低了 1.4 个百分点。远东地区 PPI 为 102.2%，比上年上涨了 1.2 个百分点。西伯利亚地区 PPI 为 101.8%，比上年上涨了 1.4 个百分点[①]。

近年来，俄西远地区通货膨胀率持续下降，主要得益于市场消费价格涨幅较前些年明显趋缓，这种状况在 2017 年得以延续，全年总体价格水平比较平稳，CPI 略有降低。2017 年俄西远地区工业生产表现得不甚理想，始终呈低速增长态势。

---

① 数据以 2016 年为基期。

2.3 就业与收入

俄西远地区失业率为 6.87%，比上年下降 0.57 个百分点。

俄西远地区年人均名义收入为 5577 美元，比上年提高了 1.14 个百分点。

2017 年，俄西远地区的人均实际收入上涨，失业率降低。失业率指标的改善也存在不均衡的表现。2017 年，尽管居民收入出现小幅增长，但居民实际可支配收入呈下降态势。

2.4 国际贸易与投资

俄西远地区进出口贸易总额为 633.74 亿美元，比上年上升 24 个百分点。俄西远地区吸收外商直接投资流量为 182.83 亿美元，比上年下降 3.45 个百分点；吸收外商直接投资存量为 98.93 亿美元，比上年下降 33.16 个百分点。

2017 年出口比上年增长 25.50%，进口同比增长 17.98%。

在国际投资方面，受经济制裁的影响，俄西远地区吸收外资无论是从流量还是存量来看均呈下降态势，尤其是存量出现了大幅下降，目前俄西远地区的投资大部分来自俄罗斯境内。

2.5 俄西远地区与东北亚其他经济体的国际贸易[①]

俄西远地区对中国的出口贸易总额增长 33.2 亿美元，比上年提高 41.09 个百分点。俄西远地区对中国的出口以矿产品为主，占 44.47%；其次是木材，占 24.22%；动物产品占 9.47%。贸易顺差为 63.4 亿美元。

---

① 俄西远地区对外投资数据缺失。

俄西远地区对日本的出口贸易总额增长 3.5 亿美元, 比上年提高 5.08 个百分点。俄西远地区对日本的出口以矿产品为主, 占80.24%; 其次是金属制品, 占 9.63%。贸易顺差为 65.33 亿美元。

俄西远地区对韩国的出口贸易总额增长 19.4 亿美元, 比上年提高 28.32 个百分点。俄西远地区对韩国的出口以矿产品为主, 占66.98%; 其次是动物产品, 占 20.93%; 金属制品占 5.26%。贸易顺差为 77 亿美元。

从俄西远地区与东北亚其他经济体的贸易往来来看, 2017 年俄西远地区向东北亚其他国家出口的贸易总额均出现了不同程度的增长, 对中国的贸易量增速最快, 中国已成为俄西远地区第一大贸易伙伴国。2017 年俄西远地区对中国、日本和韩国都是贸易顺差, 出口中国、日本和韩国的产品大部分为矿产品、木材、金属制品和动物产品等加工程度较低的初级产品, 说明在东北亚区域内部, 俄西远地区对发达国家的进口多, 对发展中国家的出口多, 俄西远地区净出口对经济增长的贡献主要来自与发展中国家的贸易往来。因此, 在东北亚区域中, 与发展中国家建立良好的合作关系, 对发展俄西远地区经济有长久的利益。

3 对俄西远地区经济发展的评价与建议

3.1 对俄西远地区经济形势的评价

俄西远地区作为俄罗斯领土的亚洲部分，土地面积为1131.43万平方公里，占俄罗斯领土面积的66.07%，占地球陆地总面积的7.60%。人口2550.89万人，占俄罗斯的17.38%。2017年世界经济总体向好，复苏步伐加快，在此背景下，国际市场对石油、天然气、煤炭、金属等大宗商品需求趋旺，导致价格不断上扬，俄罗斯的这些资源多数分布于俄西远地区，这为俄西远地区的经济发展提供了良好的外部空间。最近几年，俄罗斯政府不断加大对俄西远地区的政策倾斜力度，把俄西远地区的发展作为俄罗斯经济的重点，为了吸引更多的海内外投资，出台了一系列优惠政策，从而使俄西远地区成为俄罗斯经济发展的优先区域，为全国经济发展创造更大的动力，2017年俄西远地区经济发展速度领先全国。目前，中国是对俄西远地区最大投资国和贸易伙伴国，俄西远地区经济的高速增长很大程度上受益于中国的投资与贸易往来。俄西远地区的发展，能够不断强化与中国和东北亚各国的经济往来及全面合作。

3.1.1 国民经济止跌回升，增长幅度低于预期

根据俄罗斯联邦国家统计局的统计结果，按现行价格计算，

2017 年，俄西远地区 GDP 为 2310.54 亿美元[①]，与上年同期相比增长 1.6 个百分点。

在 GDP 构成中，占比第一位的是商业批发与零售、公路运输车辆和摩托车修理，达到 15.9%。占比排名靠前的其他行业有加工业（13.1%）、矿产资源开采（10.7%）、固定资产管理（9.4%）。除了以上行业，占比较为突出的还有军事安全管理与保障、社会保障（均为 8%），仓储运输（7%），建筑业（5.5%），农业、林业、渔业及狩猎（4.5%），金融保险业务（4.3%），专业科学技术活动（4.3%），卫生和社会服务领域（3.8%）等。

3.1.2 工业生产低速增长

在 2017 年俄罗斯全年经济形势总体好于上年的背景下，工业生产却表现得不甚理想，始终呈低速增长态势。远东地区 PPI 为 102.2%，比上年上涨了 1.2 个百分点。西伯利亚地区 PPI 为 101.8%，比上年上涨了 1.4 个百分点。

3.1.3 农业生产继续保持增长，增长幅度明显缩小

近年来，俄罗斯农业始终保持增长态势。2017 年，俄西远地区农业生产总值为 1.38 亿美元，同比增长 3.3%。俄罗斯幅员辽阔，有大量的耕地，土地肥沃，水资源丰富，还有很大的发展潜力亟待开发。

3.1.4 远东地区建筑业显著增长

作为俄罗斯民生工程的重要内容，住宅建设从 21 世纪开始基

---

① 按 2016 年俄西远地区 GDP 占全国比例推算。

本保持了稳定增长，并且增长速度明显高于许多行业，但 2017 年这一态势未能得到延续，全国建筑业全行业同比减少 1.4 个百分点，但得益于俄罗斯政府对远东地区跨越式发展区的大力扶持，2017 年远东地区建筑业增长 9.2 个百分点。

3.1.5　对外贸易规模急剧扩大

虽然受到西方国家的经济制裁，但是 2017 年俄西远地区对外贸易出现多年未见的高速增长，2017 年进出口总额同比大幅增长 24.0 个百分点，比上年同期下降 25.5 个百分点。其中，对外出口同比增长 25.5%，进口同比增长 17.9%。俄罗斯对外贸易的大幅增长主要得益于国际市场大宗商品价格的普遍上扬。2016 年，国际市场上石油、天然气、金属、煤炭等大宗商品的价格都不同程度地出现上涨，而这些商品恰恰是俄西远地区主要的出口产品，对外贸易的大幅增长对俄西远地区整体经济的增长发挥了重要作用。

3.1.6　消费物价指数涨幅再创新低

近年来，俄罗斯通货膨胀率持续下降，主要得益于市场消费价格涨幅较前些年明显趋缓，这种状况在 2017 年得以延续。2017 年俄罗斯市场总体价格水平比较平稳，消费物价指数略有上涨，远东地区同比降低了 1.2 个百分点，西伯利亚地区同比降低了 1.4 个百分点。

3.2　对俄西远地区经济政策的评价

俄西远地区的发展对于俄罗斯而言具有极其重要的政治与经济意义，俄罗斯政府颁布的《2030 年前俄罗斯能源战略》对俄西远地区进行了重点规划，5 个战略性方案中有 4 个与俄西远地区有关。亚太区域一直是俄罗斯能源出口的重要市场，而俄罗斯与亚太区域的能源合作，很大程度上依赖于俄西远地区的资源开发和利用。结合当下的实际情况来分析，双方进一步推进合作的条件基本成熟；从长远角度分析，伴随俄西远地区能源战略的推进，以及与亚太区域能源交易量的扩大，俄西远地区将在其能源保障战略中占据更为关键的位置。

2014 年底，俄罗斯总统普京签署了《俄联邦社会经济超前发展区联邦法》，制定该法的目的在于按照俄罗斯相关法律（俄罗斯联邦税法、俄罗斯联邦主体法律、市政法规等）对超前发展区内商业或其他生产经营活动实行特殊的法律政策，提供税收优惠，改善招商引资环境，加快社会经济发展。该法规定了超前发展区企业享有的优惠政策和基础设施建设的资金保障以及监管制度、入区申请程序等。俄罗斯计划在联邦主体的边境地区建立一个或若干个超前发展区，给予超前发展区内经营者相关的优惠条件，如免除区内企业的财产税和土地税，还规定了各税种优惠的时限等，并通过联邦预算和财政拨款保障超前发展区基础设施建设资金的来源。

俄罗斯在俄西远地区实施特殊政策，主要是为了吸引外商投资，并通过发展跨越发展区和自由港，对投资人员给予相应的建设资助，同时利用国际经验，通过其他形式支持外商投资。截至目前，俄罗斯政府已批准了 18 个跨越发展区，由国家出资为投资项目建立基础设施，并推出诸多优惠政策、创造理想的经营环境，从而提升吸引外资的能力。截至目前，超前发展区和自由港等一些项目已初见成效，获得的投资达到 2132 万亿俄罗斯卢布，为俄西远地区提供了近万个工作岗位。由于存在投资周期，人口并未明显增加，超前发展区和自由港的经济成果将会在一年后逐渐显现。

3.3 我国与俄西远地区经济合作的建议

2017 年，随着国际原油价格的回升及俄罗斯宏观经济形势的好转，中俄双边贸易实现了恢复性增长，且增长速度较快。俄罗斯海关的统计数据显示，2017 年俄罗斯对中国出口额为 389.22 亿美元，比上年提高 38.9 个百分点，其中俄西远地区对中国的出口总额为 114 亿美元，比上年提高 41.09 个百分点。俄罗斯自中国进口额为 480.4 亿美元，同比增长 26.1 个百分点，其中俄西远地区对中国的进口额增长 50.6 亿美元，比上年提高 25.5 个百分点，中国从 2010 年起连续 8 年保持俄罗斯最大的贸易伙伴地位。近年来，中俄关系迅速发展。在未来与俄西远地区的合作中，我国可以在以下方面寻求突破：

第一，稳步推进能源合作。面对西方国家的经济制裁，以及全球能源市场油气价格的下跌，俄罗斯不得不考虑扩大出口渠道，加快与中国及亚洲其他国家的合作。中俄双方在能源领域的合作中是互利共赢的：对俄罗斯而言，发展能源行业对俄西远地区经济发展具有重要的作用；对中国而言，保障了能源供应安全。近年来，中俄两国在能源合作领域不断向前推进，2017 年底，中俄原油管道二线工程全线贯通、亚马尔天然气工程开始进行生产，标志着两国的能源合作又迈进了一大步。

第二，通过股权投资和设立合作投资基金，积极参与俄西远地区能源项目运作。目前，俄西远地区的一些能源项目面临资金短缺的困境。中国企业可通过收购俄西远地区能源企业股份，在上中下游全产业链参与能源项目的运作。同时，俄罗斯能源企业通过与中国企业的股权合作，能够快速进入中国市场，与亚太国家建立可靠的联系。

第三，全面拓展两国政府间金融合作。多年来，中俄全面合作的主要瓶颈之一是金融服务问题，清算渠道不畅一直是阻碍双方贸易结算的一大障碍。为了消除美元对双边贸易的影响，中俄两国正不断提升本币结算的范围与规模，目前已初见成效，美元对双边贸易的影响逐渐减小。2015 年 10 月，中俄金融联盟成立，总部设在哈尔滨，截至目前中方成员 32 家，俄方成员 36 家，双方的金融部门在联盟合作框架协议下开展了一系列的往来以及合作，比如信息交流、基础建设投资、银团贷款、融资信保、国际贸易等。2017 年 3 月，中国工商银行在莫斯科正式启动跨境人民币结算业务。跨境人民币结算业务的开展将进一步便利人民币在两国经贸与投资活动中的使用，推进双方贸易的发展。2017 年 5 月，俄罗斯中央银行在北京的代表处挂牌成立，这对于两国中央银行及金融机构的交流与合作起到了重要的促进作用。

第四，深入开展农业合作。两国农业合作具有广阔的发展前景，中俄两国在农业科技、育种、农机制造等领域各有所长。中国气候条件适宜农作物生长，农产品种类繁多，耕地相对不足，而俄罗斯幅员辽阔，有大量的耕地，土地肥沃，水资源丰富，农业劳动力相对不足。中俄两国可发挥各自的比较优势，相互取长补短。

4 俄罗斯经济发展展望

4.1 GDP

2000—2017 年俄罗斯经济增长率经历了三次大幅下滑：1999—2007 年的年均增长率为 7.1 个百分点，2010—2011 年为 4.3 个百分点，2012—2017 年降至 0.7 个百分点，在世界经济中的排名不断下调。2011 年俄罗斯 GDP 在世界排名第 6 位（以购买力平价计算），2016 年降至第 12 位，2017 年已下滑至第 15 位。若俄罗斯经济无法完成结构性改革，经济发展前景将不容乐观，世界银行预测未来 6 年俄罗斯经济将始终呈低速增长态势，增长幅度小于 1.5 个百分点。

4.2 CPI

2018 年俄罗斯 CPI 增长 2.9 个百分点，俄罗斯中央银行预计 2019 年 CPI 增长 5~5.5 个百分点，2020 年上半年将增长 4 个百分点。俄罗斯中央银行目前坚守"通货膨胀目标制"，力图把通货膨胀率控制在 4% 以内。"通货膨胀目标制"可以增强居民对本国货币购买力的信心，从而激励居民增加储蓄，进而积累成长期发展资源，促进金融部门的发展和投资的增长，为未来经济增长奠定基础。当然，"通货膨胀目标制"短期内往往伴随着经济增长的放缓，但从长期来看，"通货膨胀目标制"有助于经济持续稳定发展。有些研究甚至认为，高利率可能使企业陷入恶性循环，将会抑制经济复苏，导致经济长期停滞。因此，俄罗斯中央银行未来应当建立大众对中央银行的信赖与联系，稳定通货膨胀预期，增加信息的透明度，强化大众对货币政策内容的理解，并提升对金融发展、经济体系运行和物价波动的预测能力，根据情况变化及时调整货币政策。从长远来看，伴随通货膨胀的下跌，俄罗斯中央银行将倾向于更加温和的货币政策，减少利率，降低利率变动空间。

4.3 就业

2017 年，俄罗斯失业率降低的主要原因是其适龄劳动力人数减少，未来十年俄罗斯会步入一个较长的人口负增长时期，适龄劳动力数量按照年均 0.5% ~0.7% 的速度下降，这会使经济发展面临一定的负面影响。俄罗斯政府计划通过延迟退休增加劳动力供给，来解决相关问题。从人口发展趋势看，俄罗斯人均预期寿命将增长，从中期看，将增至 76 岁（目前为 72 岁），2025 年将达到 78 岁。因此，延迟退休不仅具有必要性，而且具备可行性。目前来看，延迟退休方案有可能自 2019 年起实施。可能选择的方案有两种：第一种方案为退休年龄年均延长半年，2035 年实现目标；第二种方案为退休年龄年均延长一年，2028 年实现目标。在第一种方案下，2035 年劳动年龄人口将达到 9000 万人（2006 年达到的最高水平）；在第二种方案下，2035 年劳动年龄人口增至 8800 万人。领取退休金的最低工龄要求将从现在的 15 年提高至 20 年，养老金积分最低标准也将从现在的 30 分增至 52 分。

4.4 对外贸易与投资

中期来看，俄罗斯经济年均增长率将达 3.5 ~4 个百分点，即达到世界平均增长速度。目前，俄罗斯在对外贸易方面以加工程度较低的原材料为主，增加非原料产品出口意义重大。2025 年以前，非原料产品的出口年均增长率不应低于 7%，其中，高科技产品应当成为经济增长的支柱。2024 年，机器设备在出口中的占比应增至 13%，2035 年达到 30%，与石油和天然气出口所占份额基本持平。可利用调整外汇管制、降低出口关税等方法促进相关产品的出口。

在投资领域，发展交通基础设施及供水系统对降低生产成本、提高经济竞争力具有重要作用。目前，俄罗斯拟建的基础设施项目包括 1200 公里高速铁路（莫斯科—喀山、叶卡捷琳堡—车里雅宾斯克、莫斯科—图拉）、5000 公里高速公路以及北海航道、贝阿铁路和西伯利亚大铁路等。为吸引基础设施建设投资，俄罗斯拟推出的主要举措有三项：一是拟建立基础设施按揭贷款制度（类似于租让制），由对外经济银行承担，将引入银团贷款机制，与之配套，国家杜马将通过相关银团贷款修正案。该制度不仅可以实施统一的监管办法，进行投资过程的标准化管理，还可以吸纳投资者资金，提高国家基础设施投资的乘数效应。二是可能设立基础设施基金。目前基础设施基金正在政府和专家层面进行讨论。基本设想是把税收和基础设施使用费纳入专门基金，并用此基金中的资金补偿私人投资者的投入。设立基础设施基金不仅可以避免政府基础设施投入波动较大的弊端，还可以节约政府支出，因为在项目产生经济和社会效益之前政府的投入不会太多。三是加强国际合作，通过共同设立基金助推基础设施建设。俄罗斯直接投资基金、远东发展基金已与中国合作建立了中俄投资基金、亚太粮食产业发展基金、中俄农业开发基金，目前正在酝酿建立中俄基础设施建设基金、矿业基金、建筑领域投资基金等。

分报告三

2018 年韩国经济发展报告

1　韩国经济地位

1.1　GDP

韩国 2017 年 GDP 为 15378.87 亿美元，占亚洲的 5.27%，比上年上升 0.14 个百分点；占世界的 1.91%，比上年上升 0.05 个百分点。

无论是与亚洲还是与世界其他国家相比，韩国经济都有了更快的增长，虽然上升的幅度有限，但是反映了韩国经济企稳复苏的态势。从需求侧看，2017 年韩国经济发展的动力是私人消费水平提升、建筑设施投资增加及半导体产品大量出口。

1.2　人口、就业和收入

韩国人口为 0.5098 亿人，占亚洲的 1.13%，占世界的 0.68%。相较经济发展水平，韩国人口规模不大，然而，韩国的人口老龄化问题并不严重，因此韩国经济增长潜力较大。

韩国失业率为 3.73%，比世界平均水平低 1.75 个百分点。与世界其他国家相比，韩国的失业率并不高，但是国际金融危机后，韩国劳动力市场出现了一些疲软，尤其是许多国家的失业缺口正在缩小，韩国的劳动力市场却仍然疲软。

韩国年人均名义收入 28380 美元，比世界平均水平高 18014 美元，高出世界平均水平 174%。作为发达国家，韩国人均名义收入水平较高，是世界平均水平的两倍多，说明韩国经济实力较强、人民收入水平较高。韩国经济增长的动力主要源自制造业，但同时随着半导体产品的大量出口，韩国经济的外向依赖性也在提高。

1.3　土地

韩国土地为 10.02 万平方公里，占地球总面积的 0.2%。韩国土地面积较小，相较土地面积的世界排名，韩国的经济实力排名靠前得多，因此，韩国的经济发展主要依赖的不是土地资源的使用，而是高附加值产业的发展。

1.4　进出口贸易总额

韩国进出口贸易总额为 12443.4 亿美元，占世界的 2.77%，比上年上升 0.05 个百分点。韩国出口贸易总额为 6648.78 亿美元，占世界的 2.92%，比上年下降 0.01 个百分点；韩国进口贸易总额为 5794.62 亿美元，占世界的 2.61%，比上年上升 0.11 个百分点。

首先，韩国出口贸易额高于进口贸易额，出口占世界比重高于进口占世界比重，2017 年韩国贸易顺差为 854.16 亿美元，以上数据证实了出口对经济增长的贡献及韩国外贸依存度较高。若贸易顺差太大，可能抑制消费拉动经济的作用。此外，外贸依存度提高可能增加经济运行风险。同时，我们可以看到，与世界其他国家相比，韩国进口贸易额在增长，出口贸易额在下降，因此韩国的出口相对变少，使用外汇储备进口增多，国际收支状况正在改善。

1.5 国际投资

韩国国际投资流量为 487.29 亿美元，占世界各国国际投资流量总和的 1.70%，比上年增长 0.44 个百分点。韩国国际投资流量在世界占比较上年出现了上涨。对外直接投资存量为 3557.58 亿美元，占世界对外直接投资存量的 1.15%，比上年下降 0.01 个百分点。韩国吸收外商直接投资流量为 170.53 亿美元，占世界各国吸收对外直接投资流量的 1.19%，比上年上升 0.54 个百分点。韩国吸收外商直接投资存量为 2305.97 亿美元，占世界各国吸收对外直接投资流量的 0.73%，比上年上升 0.05 个百分点。

在对外投资方面，韩国对外直接投资流量在世界的占比较上年出现了上涨，存量少于上年的世界占比。由于企业对国内经济持有谨慎观望的态度，所以投资更多地流向国外。在吸收外资方面，吸收外资流量和存量在世界的占比都出现了上涨，而且可以看到韩国对外投资流量和存量及其世界占比分别高于吸收对外直接投资流量和存量及其世界占比，说明韩国是资本净输出国，韩国在国际市场上不仅可以与其他国家实现商品交易等对外贸易领域的优势互补，还能参与资本投资，贸易形式为双向交换。

1.6 国际储备

2017 年 12 月韩国国际储备为 3892.67 亿美元，占世界的 3.40%，比上年下降 0.06 个百分点。

与世界其他国家相比，韩国的外汇储备有所下降。国际储备的相对减少可能是由于国际金融危机下，各国经济遭受打击，部分外资企业的外国母公司资金出现短缺，有些外资公司借助贸易、分红等形式将资金回流母公司。此外，国际储备相较于其他国家减少，一定程度上反映了韩国出口创汇能力的减弱。此外，考虑到韩国国际储备体量仍旧较大，韩国中央银行管理国家外汇储备（包括该国最后的对外支付）的原则是在提高盈利能力的同时，将确保安全和流动性放在首位。为了保持所投资资产的价值，银行对投资本金和利息等信用风险较高的资产实行严格的限制。

2 韩国经济发展形势

2.1 GDP

韩国 GDP 增长率为 3.06%，比上年提高 0.23 个百分点。投资增长 1.9%，比上年提高 1.5 个百分点，对 GDP 的贡献度为 31%。消费增长 4.74%，比上年提高 0.59 个百分点，对 GDP 的贡献度为 63.40%。净出口下降 17.51%，比上年下降 22.48 个百分点，对 GDP 的贡献度为 5.4%。

从对 GDP 的贡献度来看，韩国经济主要依赖投资和消费"两驾马车"拉动经济，净出口的贡献较弱。从增长率来看，2017 年韩国投资的增长率最大，消费次之，净出口增长率出现了下跌。在投资方面，主要是住宅投资及设备投资带动投资增长，大量的住宅投资推动了建筑业的繁荣。在消费方面，当消费者面对更高的债务水平和退休需要时，储蓄率提高了，储蓄率的上升限制了私人消费。在出口方面，自 2012 年达到峰值以来，韩国的出口表现已经恶化。对中国（韩国最大的贸易伙伴）出口较 2014—2017 年下降 2.2%，反映了出口的疲软。中国在 2016 年决定削减韩国产品的进口，并且禁止旅游团访问韩国，这也导致中国在韩国出口中所占份额从 2015 年的峰值水平下降。与此同时，越南和中国香港的出口份额有所增加。

2.2 CPI

韩国 CPI 为 113.05%，比上年提高 2.16 个百分点①。PPI 为 102.54%，比上年提高 3.43 个百分点。M_2 增长率为 5.10%，比上年降低 2.02 个百分点。

最近总体通货膨胀率的上升及 PPI 强劲反弹，主要是由其他商品和服务的通货膨胀造成的，这一增长趋势与其他发达经济体和新兴市场一致。油价上涨和 2017 年夏季天气原因导致农产品价格两位数上涨，引起了通货膨胀。剔除食品和能源的核心通货膨胀率仍远低于 2%。房价正在缓慢上涨，自 2013 年底以来的年增长率（经通货膨胀调整后）不到 1%。

2.3 就业与收入

韩国失业率为 3.73%，比上年提高 0.12 个百分点。

韩国人均实际收入增长 4.17%，比上年提高 0.12 个百分点。

2017 年，韩国人均实际收入上涨了，但是失业率也提高了。从收入结构来看，收入增加主要来自企业运营利润的增加和国内企业支付股息的倾向提高。总体失业率提高，特别是 15 ~ 29 岁的青年失业率高达 9.8%，为 2000 年以来的最高水平。这一增长是由于 20 多岁进入职场的人数增加。2017 年 25 ~ 29 岁青年人口数量大幅增加 9.5 万人，远高于 2016 年 1.3 万人的增幅。

2.4 国际贸易与投资

韩国进出口贸易总额增长 1.18%，比上年提高 6.4 个百分

---

① 以 2010 年为基期。

点。韩国对外直接投资流量增长 5.72% ，下降了 20.38 个百分点；对外直接投资存量增加 14.68% ，比上年提高 6.19 个百分点。韩国吸收外商直接投资流量增加 40.89% ，比上年下降了154.94 个百分点；吸收外商直接投资存量增长 22.09% ，比上年提高 16.89 个百分点。

在出口方面，2017 年出口（海关通关）比上年增长 15.8% 。从项目来看，半导体、OLED 器件等 IT 产品出口大幅增长，符合有利的全球市场条件。非 IT 行业的出口增长，主要受造船业出口带动，因为高价海外工厂交货增加。石油、化工和钢铁产品的出口转向积极的方向，出口数量和单价都在上升。与此同时，由于海外生产的扩大和竞争的加剧，无线通信设备的出口继续下降。受汽车零部件出口下降的影响，汽车出口继续下降。

在进口方面，进口（清关）同比增长 17.8% 。原材料进口大幅飙升，主要集中在原油、成品油和天然气方面，与原油进口单位价格的上涨保持一致。大多数类别的资本货物进口也有所增加，特别是在出口和设施投资增长的背景下，半导体制造设备的进口推动了资本货物的进口。消费品进口增幅扩大，直接消费品和耐用品进口增幅居前。

在国际投资方面，不同于进出口贸易，韩国国际投资增速较上年有了较大幅度的下降，国际资本流动放缓。

2.5 韩国对其他经济体的国际贸易与投资[①]

韩国对日本的出口贸易总额增长 10.11% ，比上年提高 14.89个百分点。韩国对日本的出口以石油产品为主，占 10.82% ；其

---

① 朝鲜的数据缺失。

次是电子集成电路，占 3.16%。贸易逆差为 283.09 亿美元。

韩国对蒙古国的出口贸易总额增长 9.4%，比上年提高 24.4 个百分点。韩国对蒙古国的出口以石油产品为主，占 7.42%；其次是推土机、平地机等机械设备，占 7.31%。贸易顺差为 2141.97 亿美元。

韩国对俄罗斯的出口贸易总额增长 44.8%，比上年提高 43 个百分点。韩国对俄罗斯的出口以私家车为主，占 19.99%；其次是汽车配件，占 14.74%。贸易逆差为 51329.12 亿美元。

韩国对中国的出口贸易总额增长 14.2%，比上年提高 23.5 个百分点。韩国对中国的出口以电子集成电路为主，占 24.76%；其次是 LCD 器件，占 6.86%。贸易顺差为 442598.86 亿美元。

从韩国与东北亚其他经济体的贸易往来来看，首先，2017 年韩国向东北亚其他国家出口的贸易总额均出现了不同程度的增长，其中，韩国出口俄罗斯的贸易量增速最快，出口日本的贸易增速最低。其次，韩国出口日本、蒙古国和中国的产品以石油产品、电子集成电路、LCD 器件和推土机等机械设备为主，说明韩国的半导体行业、机械制造业和石油化工业在东北亚区域内具有比较优势，并且以上三国对韩国的贸易依赖性较强。韩国对俄罗斯的出口以汽车及零配件等消费品为主，说明俄罗斯对韩国的贸易依赖性较弱，并且可能进一步佐证了俄罗斯经济发展状况不同于东北亚其他国家，该国经济发展较缓。再次，从出口量最多的两类产品的占比来看，韩国对日本出口的石油产品占了百分之十几，其他产品占比均小于 3%，说明日本对韩国的石油产品的需求量较大；韩国对蒙古国的出口是石油产品和机械设备各占 7% 左右；韩国对俄罗斯最大两类商品的出口超过 30%，说明俄罗斯对韩国汽车业的需求增长非常迅猛；韩国对中国的出口仅电子集成电路就超过20%，说明我国对韩国半导体行业的需求量也十分巨大。最后，2017年韩国对日本和俄罗斯是贸易逆差，对蒙古国和中国是贸易顺差，韩国净出口对经济增长的贡献主要来自与发展中国家的贸易往来，因此，在东北亚区域，与发展中国家建立良好的合作关系，对发展韩国经济有巨大的好处。

韩国对中国的投资增长18.8%（其中，直接投资增长12.8%，间接投资增长56.3%），韩国对日本的投资增长161.25%，韩国对俄罗斯的投资下降25.94%，韩国对蒙古国的投资增长28.19%。

从国际投资看，2017年韩国对日本和蒙古国的投资出现了增长，其中对日本的投资出现了高达161.25%的增速，说明在东北亚区域内部，韩国企业偏好日本和蒙古国的国内投资环境。韩国对俄罗斯和中国的投资增幅下降，其中俄罗斯的降幅高于中国，韩国对俄罗斯的投资热情降低有可能是因为其对俄罗斯经济发展状况存在担忧；对中国的投资增速下降有可能是受萨德事件影响，担心中国市场对韩资企业的不良反应。

3 对韩国经济发展的评价与建议

3.1 对韩国经济形势的评价

3.1.1 韩国国内官方对韩国经济形势的评价

3.1.1.1 实体经济

经济增长方面：

韩国中央银行发布的年度报告称，相较世界整体情况，韩国国内的经济增长势头更加强劲，2017 年实际 GDP 增长率为 3.1%，高于 2016 年的增长率（2016 年实际 GDP 增长率为 2.9%）。从三大需求来看，在拉动经济增长的动力方面，韩国主要依赖的是固定资产投资中的基础设施投资。从需求的组成来看，在需求方面，伴随着私人消费的增长率持续上升，政府消费的增长率有所放缓，最终消费支出与上年同期相比增长了 2.8%。在投资方面，相较 2016 年，由于对建筑及设施的投资力度的回升，固定资产投资增长了 8.6%。在商品和服务的出口方面，韩国实际出口额比上年同期增长了 1.9%。由于在世界市场上，大量高精分 IT 设备及扩张的数据中心对芯片有大量的需求，半导体产品出口带动了韩国出口商品额的增长。与此同时，服务贸易的出口量出现了显著下降，主要是缘于大量中国游客由于抵制韩国要求美国部署萨德导弹系统的事件而拒绝去韩国旅游。商品和贸易的实际进口额相较上年同期增长了 7%。受到设施投资扩张的影响，主要的进口商品是生产资料；同时，随着私人消费的大幅增长，消费品的进口量也出现较大提升。

从三次产业来看，纵观 2017 年韩国各部门生产活动，可以发现，制造业增速在提升，其中，建筑行业保持强劲的增长；然而，服务业的增速有轻微下降。缘于半导体行业的繁荣，制造业增速由 2016 年的 2.4% 提升至 4.4%。服务业的增长率为 2.1%，相较 2016 年 2.5% 的增长率有轻微下降。分部门来看，健康及社会工作部门保持上涨的趋势；同时，金融和保险部门增速在 2017 年有了大幅提升。相比之下，批发、零售贸易及餐饮住宿业的增长率出现了显著的疲软，主要原因是中国前往韩国的游客数量大幅减少。

工资和就业方面：

韩国中央银行发布的年度报告称，受到建筑部门的繁荣以及政府创造就业政策推行的影响，韩国就业人数相较 2016 年呈现小幅上涨，增加了 32 万人。分行业来看，由于造船业的整改，生产制造业就业人数下降了 18000 人；但是，建筑业就业人数出现大幅增长。由于境外游客的减少，服务业就业人数也出现了下降，然而受到政府创造就业政策的影响，行政机构、医疗卫生及社会福利部门的就业人数出现了增长。2017 年就业率总体上较 2016 年出现了提高，归因于更多的女性和 55 岁以上就业人数的增加。2017 年失业率与 2016 年相当，但是 15~29 岁的年轻人的失业率达到了自 2000 年以来的最高水平 9.8%，原因是 20 多岁的就业人口数量大幅增长。

相较 2016 年的名义工资增长率（3.8%），2017 年的名义工资增长率仅为 2.7%，尤其是普通工人的工资增长率相较 2016 年大幅下降，原因是公司重组和大企业工资协商过程中工资延迟发放导致普通工人的津贴大幅缩水。虽然由于工作时长的缩短，韩国名义时薪和 2016 年一样，发生了上涨，但是归功于劳动生产率的提高，劳动力成本上升速度仍旧较为缓慢。

价格方面：

韩国中央银行发布的年度报告称，消费者价格年度增长率为 1.9%，接近政府制定的 2% 的通货膨胀上限。价格上涨主要是由于供给侧的原因，例如国际油价、农业、畜牧业和海产品价格的上涨。与此同时，尽管国内经济复苏引起了价格的上涨，核心通货膨胀率（该指标反映需求侧的价格压力）依旧保持较低水平，在 1% 左右。

从产品类型来看，受到恶劣天气条件及禽流感的影响，农业、畜牧业和海产品的价格出现了显著上升；受到国际油价上涨的影响，工业产品的价格也出现了上涨。与此相反的是，电、水和燃气费用受到电费从 2016 年底持续下降的影响，2017 年下降了 1.4%。虽然私人服务费用出现上涨，但是整体服务价格相较 2016 年的上涨呈现轻微下降趋势。价格下降的原因是房屋租赁价格和公共服务收费价格上涨的速度变慢。

经常账户方面：

韩国中央银行发布的年度报告称，源于商品账户剩余，经常账户保持剩余。但是，受到服务账户赤字的影响，经常账户剩余的规模相较 2016 年出现了缩水。商品账户显示有 119.9 亿美元剩余，来源于国际市场需求增大及主要产品出口条件改善而导致的出口大幅增加。

2017 年出口额为 573.7 亿美元，比上年增加了 15.8%。分项目来看，一方面，由于全球市场偏好的变动，对 IT 产品（包括半导体和 OLED 设备）的出口呈现了大幅增长。非 IT 产品出口也出现了大幅增长,原因是运输高价海外设备的需求增长,造船业的出口也大幅提高。石油、化学品及钢材的出口无论从数量还是单价来看,都在 2017 年出现了增长。另一方面,由于海外生产的扩张及不断升级的竞争,无线通信设备的出口依旧在下降。汽车出口也持续下降,这与低迷的汽车零配件出口相关。

进口额比 2016 年增长 17.8%,达到了 478.5 亿美元。其中,原油价格上涨导致石油产品和燃气进口单价提升,原材料进口大幅增加。各类资本品的进口也出现了较大增长,主要是半导体制造设备的进口量大幅增加,该类设备进口量增多源于半导体出口增加及设施投资的扩张。由于补充了对直接消费商品和耐用品的进口,消费品进口种类变得更多。

相较 2016 年,服务账户赤字出现了大幅增加。由于中国游客大幅减少,以及韩国居民境外旅游人数的增加,旅游账户存在 17.2 亿美元赤字。同时,受到造船业重组的影响,交通业出现了 5.3 亿美元赤字。由于运营利润的提高和国内企业有更强的意愿支付股利,海外股利支付的数额增大,因此主要收入账户虽有剩余,但剩余规模缩至 1.22 亿美元。

韩国财政企划部发布的报告称,2017 年韩国对外直接投资创历史新高,总额为 43.70 亿美元,比 2016 年的 39.10 亿美元升高了 11.8%。分行业来看,对于金融保险业(增长 47.5%)和批发零售业(增长 64.9%)的投资出现了激增,然而对制造业的投资额出现了下降(减少 3.4%),对房地产和房屋租赁业的投资额也出现了下调(减少 43.3%),对该行业的投资自 2013 年以来一直呈上升趋势。分地区来看,对北美洲(增加 6.6%)、亚洲(增加 11.4%)、南美洲(增加 15.8%)和欧洲(增加 15.6%)的投资额出现了不同幅度的增长,但是随着对中东地区的建筑投资额的降低（减少了 55.6%），对中东地区整体投资也有所减少（下降了 40.1%）。分国家来看，对美国（增加了 12.8%）、开曼群岛（增加了 11.6%）和中国香港（增加了 90.2%）的投资额出现了增长，但是对中国（下降了 11.9%）和越南（下降了 17.5%）的投资额出现了降低。分类型来看，绿地投资（如新建国外分支机构）减少 2.1%，但是并购增加了 33.6%。

3.1.1.2 金融和外汇市场

韩国金融投资协会报告称，韩国金融资产规模随着韩国经济的发展而不断扩大。自 2010 年以来，韩国金融资产总量进入了上升轨道，2017 年末同比增长 16515 万亿韩元，增长率为 6.7%。其中，现金和存款所占份额最大，占据了 19.2%；股票占 18.5%；债券占 15.6%；投资基金占 3.0%；保险和年金占 7.3%；贷款占 17.7%。金融投资工具（包括股票、债券和投资基金）所占份额从 1.2% 同比增长到 37.1%。

2017 年末，韩国股票市值 1889 万亿韩元，比 2016 年增长了 25.1%。债券发行余额为 1830 万亿韩元，比 2016 年同期增长了 4.5%。股票市值与 GDP 比值从 17.1% 上升至 109.1%，债券市值与 GDP 的比例为 105.7%，与 2016 年相比有小幅下降。诚然，从全球视角来看，韩国股票市值与 GDP 比值仍然较低，美国为 165%，英国为 169%，日本为 126%。

在金融机构中，银行业占据最大份额的资产，第二位是保险业，第三位是证券业。然而，从企业平均层面来看，证券公司总资产为 7.1 万亿韩元，股本为 0.9 万亿韩元，排名第五，相继排在银行、寿险公司、信用卡公司和非寿险公司之后。同时，资产管理公司比 2016 年同期增长了 50 家，这是由于 2015 年 10 月以后私募股权的改革导致对冲基金大量增加。

2017 年，企业通过资本市场募集数额为 154 万亿韩元（股票和债券），比 2016 年增长了 28.6%。以市场为基础的融资比 2016 年同期增加了 10.4 万亿韩元。IPO 同比增长了 51.3%，二次发行降低了 28.6%。2017 年，非金融资产（包括房地产）占家庭资产的比例为 62.4%，高于金融资产份额（37.6%），但是，我们注意到金融资产份额在持续升高。

此外，通过债券市场融资增长率为 31%，同比增长了 144 万亿韩元。这是因为，受包括美国加息在内的因素刺激，优先融资需求大幅增加，投资级别为 A 级或更高的企业和金融债券发行量大幅增加。

利率方面：

韩国中央银行报告称，3 年期国库券收益率自 2017 年 6 月中旬以来缓慢增长，主要可能是受到国内和国外市场货币政策变化的影响。进入 10 月以后，随着中央银行调高了对 2017 年经济增长的预测，人们对年内基准利率上调的预期增强，利率出现了激增。然而，自 10 月底以来，受到政府和银行对债券发行量调整的影响，并且提前对可能的加息作出反应，国库券收益率激增的趋势突然停止，并且 11 月 30 日加息以后，由于预期基准利率的逐步上升，国库券收益率变化更加平稳。

银行存款和贷款利率在较小的范围内波动，在此之前，受到加息导致市场利率上升的影响，银行存贷款利率曾出现了一波上涨。

金融机构存款及贷款方面：

韩国中央银行报告称，银行吸收存款的增长率与 2016 年的情况相似，受到存款利率提高及使用更严格的标准计算流动性覆盖率（LCR）的影响，2017 年定期存款增长率提高了，市场化的工具变多了。由于加息的影响，备用资金（如可转移存款）增长率大幅下降。

在非银行金融机构方面，资产管理公司吸收存款增长率出现大幅缩水，原因是持有货币市场基金（MMFs）和债券型基金的机会成本升高并且客户担心资产贬值，因此进入这些基金账户的存款减少。

在贷款方面，相较 2016 年，源自金融机构的企业贷款规模有所增大。伴随着经济复苏，中小企业对流动资金的需求增大，因此向银行贷款的数量增加了 44 万亿韩元，比 2016 年的增长率更高。银行向大企业贷款的数量持续下降，因为它们使用企业的未分配利润来偿还贷款。此外，源于非银行金融机构的企业贷款，尤其是信用合作社的企业贷款数量增加了。

与此同时，相比 2016 年，银行对家庭贷款的增长率变低了，贷款总量为 43.3 万亿韩元。这是由于政府管制房地产和家庭借贷，贷款者在预售住房建成以后支付的贷款数额减少了，并且房地产项目也减少了。源自非银行金融机构的家庭贷款数量迅猛下跌，尤其是源自信用社和保险公司的贷款数额下降更多。政府推行了一系列管理贷款的措施，例如对抵押贷款量身定制的互惠信贷指导意见、引入提高非银行金融机构稳健性的方案。

股票市场方面：

韩国中央银行报告称，韩国综合股价指数（KOSPI）在 2016 年出现了大幅增长，出现上涨的原因是国内和国外经济指数表现良好、人们预计公司利润会上涨、预计新一届政府会执行扩张型财政政策。自 2017 年 7 月底开始，受到见利抛售、与朝鲜的矛盾升级风险的影响，KOSPI 开始下行。10 月 KOSPI 又回到上涨轨道，并于 11 月 3 日达到新高 2558 点，该现象与韩朝关系缓和及企业表现提升有关。在此之后，该指数表现出弱化趋势，在年终以 2467 点收尾，相较 2016 年上升了 21.8%。此外，直到 10 月以前，柯斯达克指数（KOSDAQ）一直呈现适度增长的趋势，接着在 11 月初韩国政府宣布要振兴股市以后，该指数出现了激增，最终以 798 点收盘，相较 2016 年底增长了 26.4%。

债券市场方面：

韩国金融投资协会报告称，2016 年韩国债券市场交易量增长。然而，由于受主要国家一般化货币政策（如美联储三次加息和韩国中央银行 6 年半来首次上调基准利率）的影响，加上对经济状况好转的预期增强，市场利率上升，债券交易在 2017 年整体下滑。2017 年，韩国国债交易量下降 12.0%，降至 6943.8 万亿韩元。场外交易市场在债券交易总额中所占份额仍保持在 70% 左右（2010 年为 90.5%，2017 年为 65.0%）。一项针对债券类型的交易量分析显示，自 2000 年以来，韩国国债（KTB）所占比例稳步上升，目前在二级债券市场上占据了最大份额，占比超过 50%。

韩国债券市场的另一个特别之处在于，按债券类型划分后，交易所市场比场外市场更集中于韩国国债。剔除韩国国债后，货币稳定债券（MSB）、市政债券和其他债券在外汇市场的份额不足 1%。这在很大程度上源于政府规定交易所经营的 KTBs 要求一级交易商进行交易（该政策于 2008 年 7 月废止）。简而言之，作为韩国债券市场主要参与者的机构投资者，除了 KTBs 和 MSBs 以外，很少利用外汇市场交易债券。特别债券、金融债券和公司债券的交易主要在场外市场进行。

作为扩大外汇流动性改革计划的一部分，韩国政府从 2009 年开始对韩国国债和货币稳定债券投资的利息收入和资本收益给予外国人免税优惠。因此，对韩国国债和货币稳定债券的投资变得对外国人更有吸引力。这些税收优惠在 2011 年被暂停。尽管如此，为了使其外汇资产多样化并且人们对韩元走强抱有持续的预期，外国投资者仍通过全球各国中央银行净买入韩国债券。截至2017 年底，韩国境外持有的国内债券余额为 98.5 万亿韩元。

外汇市场方面：

美元对韩元汇率与上年同期相比下降，韩国金融投资协会报告称，直到 3 月底，受到对美国贸易保护主义的顾虑、出口不确定性加强、外国投资者流入韩国股市资金的影响，美元对韩元汇率出现大幅下降。接下来几个月，汇率随着与朝鲜有关的风险波动，并且受到年内美联储加息预期的影响有所回升。进入 10 月，美元对韩元汇率又进入下行通道，原因是朝鲜危机的解除、美元持续走弱、韩国国内强劲的经济增长。2017 年底，汇率在 1070.5 韩元收盘，是 2017 年的最低值。相较 2016 年，韩元上升了 12.8%。

受到对美联储加息预期及朝鲜危机的影响，日元对韩元汇率（每 100 日元）也在波动。进入 10 月以来，该汇率开始下降，因为韩元相对日元走强。2017 年底，每 100 日元对韩元的汇率为949.2，比 2016 年末上涨了 9.1%。

无论是盘中波动还是日常波动，美元对日元汇率都比 2016 年有所下降，全年平均分别下降了 5.5 韩元和 4.4 韩元，2016 年分别下降了 7.5 韩元和 6.0 韩元。

受到国库券收益率提高及经济指标回升的影响，货币掉期利率（3 年期）为 1.57%，相较 2016 年末上涨了 0.37 个百分点。

基金市场方面：

韩国金融投资协会报告称，随着 2015 年 10 月私募基金计划的改革，对冲基金的准入要求有所放宽。因此，截至 2017 年底，资产管理公司的数量迅速飙升至 215 家（国内 193 家，国外 22 家）。截至 2017 年底，该基金的资产管理规模增加了 28 万亿韩元，达到 497 万亿韩元，增长 5.97%，2016 年同期为 469 万亿韩元。资产管理公司的业绩一直呈上升趋势，在资产管理规模扩大和非营运收入飙升的支撑下，盈利能力有所改善。截至 2017 年末，大部分基金通过证券公司和银行进行分配，分别占 69.5% 和 21.1%。

随着低利率环境下投资者对中等风险和中等回报产品兴趣的不断上升，投资者对 ETF 等被动型基金的需求也在上升。尤其值得一提的是，韩国股市在 2017 年大幅飙升，这加大了 ETF 的受欢迎程度，推动资产管理规模达到 36 万亿韩元。

韩国企划财政部的报告称，从韩国稳健的外部指标及国内财政能力来看，韩国经济基础较好；并且，韩国政府长期以来将经济由出口导向和制造业驱动转变为以信息技术、医药卫生和服务业为基础所作出的努力，也为经济长期增长打下了良好基础。

3.1.2　国际机构对韩国经济形势的评价

3.1.2.1　短期经济良好

经过几年的低于平均值的增长，2017 年韩国经济增长出现了回升。该回升趋势的驱动力量是商业投资及房地产投资引起的建筑业持续繁荣。世界贸易状况变好及对半导体需求的急速扩张促进了韩国的出口。2017 年中的补充预算也推动了经济增长。然而，家庭高负债水平及劳动力市场疲软依旧限制了私人消费。升高的石油价格将通货膨胀率推升至接近通货膨胀目标 2%，经常账户盈余依然很大。

OECD 建议通过提高利率降低货币政策宽松程度。根据财政管理计划控制支出，以确保长期财政平衡的可持续性。容许公共开支占本地生产总值的比例在人口老龄化的情况下增加。利用对经济增长危害相对较小的税收，尤其是增值税，为不断增长的社会支出提供资金。重新分配公共支出以增加社会福利。视近期变化的影响而定，考虑进一步收紧监管基于贷款与价值之比和债务与收入之比的抵押贷款。

3.1.2.2 韩国面临诸多风险（家庭高负债水平）

鉴于韩国对建筑业和少数几个关键行业（尤其是半导体行业）的依赖，韩国经济容易受到冲击。政府促进创新的计划可能带来更广泛的复苏和更快的增长。如果企业生产率的提升跟不上工资成本上升的步伐，企业竞争力将下降。贸易保护者的压力会影响出口和商业投资。

家庭债务上升至家庭可支配收入的180%，可能是一些结构性因素导致了该结果。2017 年底，政府推行了一系列综合措施处理家庭债务，主要是针对抵押贷款的新管理办法。政府希望将家庭债务年增长率控制在 8.2%，这仍然意味着家庭债务相对于GDP 的比例将进一步上升。另一方面，2016 年大量的与房地产有关的措施可能降低对房地产的投资。但是，由于家庭贷款的拖欠率低，银行资本充足率较高，该结果对金融市场的影响有限。此外，70% 的家庭债务由前40% 收入的家庭持有，并且家庭债务有资产（房屋）升值支持。然而，低收入家庭仍然易受提高利率的影响。

韩国传统的依靠大企业集团出口拉动经济增长的模式已缺乏动力。韩国实际 GDP 增长率增长缓慢，实际人均 GDP 较低，劳动生产率较低。出口和制造业的不平衡增长导致了经济和社会的两极化。制造业中小企业（SME）生产率降低至不足大企业的

1/3。SME 集中于服务业，而服务业的生产率还不足制造业的一半。较大的生产率差异反映在工资的巨大差别上。在过去的 20 年里，收入分配中最低 10% 的工人的工资几乎没有增长，结果是韩国工资不平等程度很高，并且差距还在加大。

OECD 建议放宽对进口和外来直接投资的限制，放宽对产品市场的管制，以加强产品市场的竞争。加强外部董事的作用，提高独立标准，弱化管理层提名外部董事的作用，要求外部董事在所有上市公司的董事会中占半数以上。逐步取消同一业务集团公司的循环持股。强制规定累积投票（允许小股东选举董事）和电子投票（帮助小股东投票）。履行政府的承诺，不对被判犯有腐败罪的企业高管给予总统赦免。

3.1.2.3 大企业集团和中小企业的弱点

政府将大企业集团改革作为首要工作任务。大企业集团为韩国经济快速发展作出了重要贡献，虽然自 2011 年以来，以大企业集团为主的韩国出口增长率的降低引起了人们的担忧。韩国企业集团仍是领军企业，排名前 30 位的企业，其制造业发货量约占全国的 2/3，服务业销售额占全国的 1/4。大企业集团继续多元化，自 2000 年以来增加了附属公司的数量。

经济实力的集中会抑制企业家精神和创业公司的增长。集团下属企业在业务领域排名第一，制造业销售额占比超过 2/3。除了竞争问题，大企业集团和政治家的联系也可能引起腐败。自 20 世纪 80 年代以来，大企业集团一直受到特殊管理。例如，不允许同一大企业集团下的公司间的交叉持股，并且对集团内交易也有所管制。然而，这些管理措施似乎没能成功解决财阀的问题。

大企业集团由创始家族控制，虽然在四大财阀中，创始家族的所有权份额已经降至 2%。家族通过持有下属公司的股份保持控制权，通过软弱的公司治理推翻下属公司股东的利益。外部董事是强制性的，但在董事会上投反对票的情况很少见。缺乏透明度导致韩国公司的市盈率较低，也就是所谓的"韩国折扣"。

政府的目标是让中小企业成为创新的动力。随着大企业变得更加国际化，并专注于资本和技术密集型产品，它们的涓滴效应已经减弱。增强中小企业部门的活力对经济包容性和减贫至关重要。中小企业的生产力受到许多因素的制约。第一，产品市场严格监管主要集中在服务业，而中小企业就业人员约占服务业就业人数的 90%。此外，监管的不确定性、复杂性和不一致性给中小企业带来了更大的负担。第二，中小企业的研发水平较低，参与全球创新网络的份额在 OECD 中排名倒数第二。第三，小公司参与全球价值链的比例在 OECD 中是最低的。第四，韩国在创业方面排名较低，妇女的创业机会十分有限。第五，小企业的创办和成长受到缺乏市场融资的制约。

OECD 建议引入全面的负面清单监管体系，允许新技术和新行业的企业测试其产品和商业模式，而不受所有现有法律要求（监管沙箱）的约束。通过增加向民间借贷机构提供技术分析的公共机构，增发以企业技术为基础的贷款。透过密切监察中小企业的表现及推行毕业制度，确保为中小企业提供的支援能提高其生产力。提高职业教育的质量和可获得性，以减少中小企业的劳动力市场错配和劳动力短缺的问题。

3.1.2.4 韩国面临社会福利的挑战

尽管韩国在个人安全、教育和技能方面得分很高，但该国在主观幸福感方面的排名低于 OECD 平均水平。韩国在性别工资差距、工作时间和空气污染方面得分较低。巨大的性别工资差距和长时间的工作限制了女性的就业。其他限制女性就业的因素包括尽管她们的受教育水平相对较高，但她们的产假权利执行不力以及女性集中从事低薪非正规工作。非正规工人的收入比正规工人少1/3，他们面临不稳定的就业，接受的企业培训和获得的社会保险较少。消除就业障碍将有助于应对人口老龄化。

老年人面临许多挑战。由于工人的技能相对较低，且工资以资历为基础，他们在50岁左右就被迫离开公司。那些留在劳动力市场的人最终通常会从事自营职业或临时工作。提早退休，加上家庭支助的减少以及其他私人和公共收入来源的薄弱，导致了老年人的贫穷。事实上，65岁以上人群的相对贫困率为45.7%。

OECD建议提高幼儿教育和护理的认证标准，并强制执行。提高教师资格标准。打破二元论，放宽对普通劳动者的就业保护，提高劳动保护的透明度，同时扩大社会保险覆盖面，增加对非正规劳动者的培训。评估2018年最低工资提高16.4%的影响，然后进一步提高。进一步增加基本养老金，重点放在赤贫老年人身上。

3.2　对韩国经济政策的评价

韩国政府的政策目标：

• 工资驱动型增长：家庭收入的增加将成为经济增长的新动力。

• 创造更多的就业机会：就业—分配—增长将恢复良性循环。

• 创造公平竞争环境：经济参与者将根据他们的贡献获得更公平的奖励。

• 基于创新的经济增长：随着规则的改变，政策有利于公平竞争和创新型中小企业，经济将保持3%的增长潜力。

3.2.1 工资驱动型增长的政策

首先，政府增加家庭的可支配收入。政府与最低工资讨论小组一起努力实现每小时 1 万韩元的最低工资，讨论包括对小商户的财政支持。此外，政府努力降低基本生活成本，如住房、医疗、交通、通信和教育费用。政府提供多达 50000 个市中心的公屋，并推出一种新型的反向抵押贷款，即出售和租赁回售，在这种贷款下，业主可以出售他们的房屋，并通过将其租回来继续居住。

其次，政府加强社会安全保障，保障弱势群体的收入。通过扩大基本社会保障领取者的资格和增加收入所得税存款（EITC），努力改善收入分配。此外，增加失业保险，强制所有员工参加失业保险。

最后，政府增加教育投资，努力为每个韩国儿童提供成才的机会。政府改革公共教育，发展有创意的人力资源，帮助他们为未来的职业生涯做好准备。政府增加对儿童的公共教育支持，覆盖从日托中心到大学的整个时期。另外，政府引入一种使社会弱势群体能够获得机会的制度，例如特殊招生和增加对低收入家庭的教育支持。

3.2.2 创造更多就业机会的政策

首先，政府通过创造就业机会来追求增长。政府将创造就业作为预算分配的首要任务。采用更严格的创造就业评价标准，其结果将反映在规划预算中。为促进就业，政府对税法进行修订。当企业增加就业、将临时岗位转为固定岗位、提高工资时，税收优惠将增加。政府对创造就业岗位的企业，无论国籍如何，都将优先支持。

其次，政府要求促进高质量的就业。要减少临时工的工作，公布临时工不能做的工作种类，增加聘用临时工的成本负担。同时，达到每年1800小时的工作时数，把法定每周工作时数由68小时减至52小时。

再次，政府扩大就业市场。扩大就业市场的预算增长速度快于预算增长速度。政府推行创新的职业训练计划，例如"工作场所职业训练"（以培养高素质的员工）、"自雇企业及中年求职者职业训练计划"，并为高科技劳动力提供职业培训，为第四次工业革命做准备。政府还进行针对性支持，要求事业单位的青壮年岗位比例必须达到5%以上，并且中小企业还将享受政府对雇用年轻人的额外奖励，女性求职者将能够在全国175个就业中心就业，母亲们将能够在较长时间内减少工作时间。此外，2017年前三个月，产假期间的津贴增加1倍。政府加强对那些想换工作和找工作的人的就业支持，并增加社会服务。

最后，金融服务委员会将支持创造就业机会，并加强对工人阶级的财政支持。具体而言，第一，重组国家金融体系以促进就业：在进行贷款评估时考虑公司拥有的技术和专利，从2018年下半年起停止联合担保，加大政策性融资力度，推进第四次工业革命，努力吸引创业，推动中小企业投资房地产，通过创新带动金融领域新增就业岗位。第二，引入一套工人阶级支持方案，包括三种减免措施：削减信用卡费用、降低贷款利率，以及在拖欠债务超过5年的情况下将其清除。第三，改善家庭债务管理：引入债务还本付息比率（DSR），对还款困难的家庭提供贷款支持。

3.2.3　创造公平竞争环境的政策

第一，政府制定了一系列消除不公平竞争的措施，包括努力消除业主和承包商之间，或买方和供应商之间不公平的商业行为；消除资本市场上的不公平行为，如操纵股票和会计。

第二，政府致力于消除价格垄断，保护消费者权益。严格处理价格垄断问题，如采取集体行动、增加罚款等。

第三，推动完善公司治理，创造公平竞争环境。首先，要求规范母公司与子公司之间的交易，努力减少大型企业集团的交叉持股。其次，保险控股公司的关联公司受到更严格的投票限制。再次，小股东能够通过多重派生诉讼、电子投票和累积投票表达意见。最后，政府继续寻求改革占主导地位的公司的治理结构，鼓励会计和信息公开的透明度，并促进开放和公平的商业环境。

第四，政府推动共同增长，保护小商户。大型商场（大型超市除外）受商业限制。构建共享增长的商业模式，促进大企业与中小企业承包商的利润共享，鼓励大企业与中小企业分享分销网络。

第五，提高社会福利。政府为保障社会福利奠定基础，成立专门组织制定和实施政策，并且建立能够更好地支持社会福利的金融体系，准备发展人力资源的路线图。

第六，公平贸易委员会致力于财阀改革，防止对供应商、加盟商和员工的不公平行为。具体而言，第一，清理不当内幕交易，查处违法治理和不道德经营行为。第二，加强公司报表披露制度，发挥市场作用，完善公司治理。第三，纠正供应商合同中的不公平交易：10 月公布对《分包合同法》（*Subcontract Act*）的修订，该法案将涵盖对自由交易、单价和技术盗窃的监管。第四，保护小商户和中小企业：12 月，《标准合同法》（*Standard Contract Act*）和《分销法》（*Distribution Act*）的修订版正式发布，要求企业分担劳动力成本等成本上升的负担，并允许中小企业不遵守限价规定。

3.2.4 基于创新的经济增长政策

第一，推动合作创新，推动中小企业成为国家增长引擎。首先，政府支持建立网络，促进中小企业的规模经济，提高竞争力。其次，推动中小企业间合作，消除阻碍中小企业合作的障碍。再次，促进产业之间的合作。鼓励制造业—ICT① 产业融合，在制造过程中联通工业物联网，两者都可以发挥云计算和数据共享的优势。最后，将政府支持体系转变为促进行业与企业之间、企业与员工之间合作的支持体系。

第二，为第四次工业革命做准备。2017 年 10 月成立第四次工业革命总统委员会。推动以需求为基础的研发项目，开发人工智能和物联网等智能技术，帮助它们尽快赶上最先进的产品。

第三，开拓国际市场，开拓海外市场。首先，加强与东盟和印度的自由贸易协定，努力启动新的自由贸易协定谈判，达成新的贸易协定，为保护主义做好准备并且主要经贸往来要走出中国。其次，到 2018 年底，为外国企业提供价值 1 万亿韩元的融资，鼓励它们进口韩国中小企业生产的产品，旨在将出口占中小企业总销售额的比重提高到 40% 以上。最后，促进年轻人海外就业，完善帮助创造青年就业岗位和境外就业的"K–Move 中心"，增加工作岗位。

第四，建立基础设施，共享创新成果，建立创新中心。到2018 年，在全国范围内建立 70 多个"创意实验室"，为有创意的人提供服务，并帮助他们将创意转化为商业产品，加强政府指定

---

① ICT 是信息（Information）、通信（Communication）和技术（Technology）三个英语单词的词头组合。

的创新友好城市与区域内企业、区域内高校的合作。推动社会经济创新，建立金融体系、分销渠道等基础设施，增强合作和自制力。

第五，开展有利于创新的监管改革。实施监管改革，消除行业间、地区间和人民之间的信息共享障碍。对试点服务和产品暂时放松监管，鼓励使用新技术；为行业特定和区域特定的监管改革找到法律依据，促进信息共享和数据开放。

第六，为创业公司提供一个安全网络环境。促进风险投资，加强对创新过程中可能存在的失败的安全网络支持，以鼓励再次尝试；结束联合担保，向那些失败后再次尝试的人提供相当于初创企业的支持。

3.2.5 货币政策

在制定通货膨胀目标方面，自 2016 年以来，韩国中央银行根据 CPI 同比涨幅，设定了 2.0% 的中期通货膨胀目标。韩国中央银行的货币政策目标是使通货膨胀率在很大程度上与通货膨胀目标保持一致。2017 年居民消费价格总水平上涨 1.9%，脱离了 2013 年以来的低通货膨胀趋势，总体上接近通货膨胀目标水平。

在基准利率方面，2017 年，韩国中央银行维持宽松的货币政策，以确保经济持续复苏，确保 CPI 增速在中期内接近目标水平。2017 年上半年，基本利率维持在每年 1.25%。尽管国内经济增长速度有所提高，但这一政策决定反映了国内消费尚未完全恢复，国内外仍然存在很大的不确定性。在通货膨胀方面，由于全球油价上涨，居民消费价格同比上涨 2% 左右，但来自需求方面的通货膨胀压力仍然较弱。此外，由于美国加息，国内及全球金融和外汇市场的波动性可能加大。在 2017 年下半年，银行在 11 月将基准利率提高 0.25 个百分点，达到每年 1.5%。这一政策决定反映了这样一种预期，即国内经济将在其潜在水平上保持强劲的增长步伐，通货膨胀将逐渐接近银行的通货膨胀目标水平。如果基本利率保持不变，银行的宽松货币政策的实际影响可能导致金融市场不平衡的增加。

在推进存贷款便利化方面，截至 2017 年底，该行存款总额为112.48 万亿韩元，较 2016 年底下降 21.35 万亿韩元。其中，韩元存款下降 5.17 万亿韩元，外币存款下降 16.19 万亿韩元。韩国中央银行根据 2016 年 12 月《2017 年货币政策操作指引》确定的基本方向，从 2017 年 9 月起对银行中间贷款支持机制进行改革。这一方面是为了帮助创造就业机会和发现新增长引擎的中小企业及经济衰退环境下的区域中小企业。另一方面，它还通过加强该工具的反周期性，提高了银行货币政策的有效性。2017 年 12 月，韩国中央银行决定将韩国住房金融公司（HF）发行的抵押担保证券（MBSs）作为商业银行从韩国住房金融公司（HF）获得贷款的抵押品，延长一年至 2018 年底。此举是考虑到这样一个事实，即在 2015 年延长救助贷款之后，持有 MBSs 的银行的负担预计将持续到 2018 年，而且银行对抵押品证券的需求有可能增加。

在 2017 年的公开市场操作中，银行灵活调整流动性，将征收率维持在货币政策委员会制定的基准利率水平，为此采取了包括发行中期国债在内的多种措施，通过回购协议（RPs）进行交易，以及在其货币稳定账户（MSA）中接受定期存款。此外，韩国中央银行还加强了对引起金融市场波动的因素作出反应的准备，包括美联储货币政策的不确定性以及与朝鲜有关的地缘政治风险上升的可能性。为了控制流动性，韩国中央银行还继续进行对市场有利的操作，例如，按照二级市场的标准，将 MBSs 收益率细分。

3.2.6 财政政策

韩国的财政状况有以下特点：第一，政府支出和公共部门就业水平低且稳定：2017 年，政府总支出仅占 GDP 的 21.94%，公共管理与防务和义务社会保障业的就业人员仅占总就业人数的 4%，远低于发达国家平均水平。第二，韩国的财政平衡一直处于盈余状态：自 2012 年以来，韩国政府的总体预算平均盈余占 GDP 的 1.7%。第三，政府债务总额较低：2016 年韩国债务总额占 GDP 的 45.1%。第四，政府是净债权人，反映了国家养老服务（NPS）的储备，NPS 已经达到 GDP 的 30%。考虑到韩国的年轻人口和相对较近的 1988 年成立的 NPS，NPS 养老金支付仅占 GDP 的 1%。

从韩国政府支出构成来看，2016 年财政支出用于投资的份额为 16%。财政预算为经济活动服务，在 2015 年，经济活动占政府支出的 16.2%，这一高比例反映了政府在工业政策方面的积极作用。虽然韩国的教育支出相对较高，但社会保障支出（占总支出的 20.1%）较低。此外，医疗支出较低，这反映出韩国的人口老龄化问题并不严重。

自 1990 年以来，韩国公共社会支出以每年 11% 的速度增长（经通货膨胀调整后），增速较快。尽管如此，2016 年支出占 GDP 份额（10.4%）仍不高，部分原因是韩国人口相对年轻。鉴于社会支出水平较低，尽管近年来有所增加，税收和转移制度对收入不平等和相对贫困的再分配的影响仍然较弱。此外，税收和福利制度的累进性较弱，中等收入和高收入家庭获得的福利份额相对较大。

政府在 2016 年和 2017 年实施补充预算以支持经济增长。2018 年初，又出台了一项补充预算，增加对雇用青年工人（34 岁以下）的中小企业的补贴，并为受雇于中小企业的青年提供更多的个人所得税减免。2017 年 8 月公布的 2017—2021 年财政管理计划规定，在五年期间（包括 2017 年补充预算），支出年增长率为 5.1%，而名义 GDP 预计将比这一数字高出 5%。考虑到中长期人口老龄化对支出构成的上行压力，允许政府支出占 GDP 的比重上升将是适当的。

长期以来，韩国的财政政策一直旨在平衡不包括社保盈余在内的综合中央政府预算。新计划未能实现这一目标，因为它预计到 2020 年，赤字将从 2017 年占 GDP 的 1.7% 小幅上升至 2021 年的 2.1%。然而，中央政府综合预算仍将保持盈余，政府债务总额相对于 GDP 仍将保持稳定。允许通过稍微加快支出增长来缩小盈余，将有助于在面临任何冲击时维持产出增长。

新的财政管理计划还将支出重点从经济活动转向社会福利。政府已经启动了四项主要计划，预计在其五年任期内耗资 178 万亿韩元（约占年度 GDP 的 2%），其中福利支出将在 2017—2021 年以 9.3% 的年增长率增长，将其在总支出中的份额提高到 28.7%。社会支出将在一定程度上得到新补贴的提振，比如对有 5 岁以下孩子的父母每月补贴 1 万韩元（合 93 美元），对失业的年轻人每月补贴 3 亿韩元。2017—2021 年，就业支出将以每年 14.5% 的速度增长。扩大社会安全网有助于增加劳动力市场的灵活性；相反，用于经济活动的支出将会下降。特别是 2017—2021 年，基础设施投资将从总支出的 5.5% 下降到 3.2%，而研发支出将从 4.9% 下降到 4.0%。尽管促进包容性增长需要更多的社会支出，但重要的是不要忽视支持韩国增长潜力的支出计划。

3.3　我国与韩国经济合作的建议

我国商务部网站的报告称，2017 年中韩贸易额 2802.6 亿美元，同比增长 10.9%[①]。其中，我国对韩国出口 1027.5 亿美元，自韩国进口 1775.1 亿美元，同比分别增长 9.6% 和 11.7%。我国是韩国第一大贸易伙伴国和第一大出口、进口市场，韩国是我国第三大贸易伙伴国。2017 年韩国对华投资 1627 个项目，同比减少 19.4%；我国实际使用韩资 36.7 亿美元，同比减少 22.7%。截至 2017 年底，韩国累计对华投资项目数 63385 个，实际投资金额 723.7 亿美元。韩国是我国第四大外资来源地，我国是韩国第二大投资对象国。2017 年我国对韩国非金融类直接投资 4.2 亿美元，同比减少 46.3%。截至 2017 年，我国累计对韩国非金融类直接投资 46.6 亿美元。韩中建交以来，通过贸易、投资、人员往来等多种形式的合作，两国关系迅速发展。然而，由于中国经济增长趋势的变化以及近期的政治和外交冲突，中韩关系正面临一个新的转折点。在未来的中韩合作中，我国可以在以下方面寻求突破：

第一，打破固化合作模式，努力转型升级。我国与韩国以往的经济合作呈现低端产业链嵌入的特征。在进出口方面，我国向韩国出口的产品以劳动密集型和资本密集型为主，同时接收了韩国转移的大量夕阳产业。这样的合作模式在对外开放的初期是必然选择，但是长远来看，我国必须谋求在更高产业链上的合作。在贸易形式方面，现阶段中韩贸易合作中，加工贸易的形式仍然占了很大比重，并且中韩进出口产品的种类相对固化。由此，中韩

---

① 详情参见 http：//www.mofcom.gov.cn/article/tongjiziliao/fuwzn/ckqita/201804/201804 02730424.shtml.

经贸合作呈现出长期固化、集中在附加值较低的产业的特点，我国需要调整贸易结构和投资结构，才能获得更多的贸易收益。

第二，在生活服务行业引进韩资企业。由于我国服务市场进入全面增长阶段，我国国内市场需求巨大，并且该行业的准入门槛较低，所以我国可以在生活服务行业充分引进韩资企业，以满足国内市场快速增长的需求。在引进韩资企业的同时，我国企业还可以加强与韩方企业的交流学习，学习发达国家在生活服务领域多年的经营经验，以期尽快促进我国生活服务行业的繁荣发展。

第三，鼓励企业研发符合年轻一代需求的产品。中韩经济合作过程中，中韩企业双方要更快地融入当地市场，都应当基于当地市场特点研发产品。由于文化发展的原因，中韩两国的年轻人对两国合作的认可度和热情较高，并且年轻人是目前中韩合作许多领域的消费主力，因此，中韩企业在研发产品和制定营销策略时，都应注重符合年轻一代的需求。

第四，中韩两国可以在内容出口领域开展合作。随着中国第四次工业革命的发展，韩国可以向我国进行内容出口，韩国在这方面具有较强的竞争优势。同时，我国可以在内容领域与韩国开展广泛的合作，并且充分利用我国创业基础设施以及良好的市场环境，发展壮大我国的内容领域。由于两国文化相近，待我国内容产业相对成熟以后，我国也可以向韩国出口。

第五，摆脱依赖友好关系的商业模式。在中韩合作的过程中，中韩双方企业都应当遵守两国的制度和法规，采用先进的管理技能，引入市场化的竞争机制，摆脱以往依赖友好关系建立的商业模式。只有这样，中韩企业之间的合作才能长久。

4　韩国经济发展展望

4.1　GDP

4.1.1　韩国官方预测

韩国中央银行预测 2017 年韩国经济将继续保持稳健增长，出口和设施投资在全球经济持续增长的支撑下保持增长势头，消费也将稳步增长。由于出口和消费继续呈现扩张趋势，2018 年实际 GDP 增长率预计达到 3%，2019 年预计达到 2.9%。GDP 增长的国内需求的净贡献预计会下降（2017—2018 年为 1.8%），而出口可能会上升（2017 年为 0.3%，到 2018 年为 1.2%）。

韩国发展研究所（KDI）预测韩国经济将继续保持出口增长势头并改善消费，但投资趋缓，预计 2018 年经济增长率将达 2.9% 左右。

在消费方面，尽管利率上涨导致利息费用上涨，民间消费也存在下行压力，但由于收入主导增长及工作岗位相关政策效果，KDI 预测民间消费可能会较 2017 年创下高增长率。在地缘政治风险扩大带来的负面影响减少的情况下，随着以收入为主的增长政策的实施、家庭消费余力的扩大，民间消费有望在 2018 年达到 2.7%，高于 2017 年的 2.4%。

在投资方面，尽管出口扩大导致投资需求增加，但设备投资可能会在除半导体以外的其他行业创造开工率较低的水平，从而导致增长幅度较快。2018 年设备投资将继续保持以半导体制造设备为中心的增长趋势，但 2017 年（14.7%）的高增长将较快放缓，增长率将达到 3.0%。

在出口方面，预计出口在保持世界经济增长和世界贸易增长态势的情况下，包括半导体在内的主要出口产品将缓慢改善并保持较稳定的增长态势。在世界经济持续复苏的情况下，除半导体以外的其他主力产品将缓慢改善，地缘政治风险的负面影响也将缩小，预计 2018 年出口将增加 3.8%。另一方面，随着设备投资的放缓，预计 2018 年进口将比 2017 年（7.2%）低 3.7%。

4.1.2　国际机构预测

IMF 发布的区域经济报告显示，韩国经济增长在 2016 年第二季度放缓后，在 2017 年有所回升，尤其是受到强劲投资的支撑，最近地缘政治紧张局势的影响有限。然而，产出缺口仍然为负。基于此，IMF 预测韩国周期性复苏将继续，2018 年和 2019 年的增长率约为 3%。

OECD 发布的韩国经济调查提到，尽管 2017 年第四季度产出下降，但随着世界贸易的持续增长提振出口，预计 2018—2019 年，经济增长仍将保持在接近 3% 的水平，与韩国的潜在增长率保持一致。由于自 2017 年中以来建筑订单（同比）一直在萎缩，建筑投资下降将放缓国内需求。2017 年新屋开工数大幅下降，公共机构用于住房的土地供应下降，意味着 2018—2019 年住宅建设将明显放缓。此外，贷款比率和收入比率在 2017 年 8 月收紧。然而，韩国计划增加公共就业和社会福利支出，以及实现政府到 2022 年将最低工资提高 54% 的目标，预计将支持家庭收入和私人消费增加，从而抵消了建筑投资的减速。

4.1.3 学者预测

Kim、Han 和 Lee 三位学者综合考虑韩国经济结构变化和内外条件，采用改进的估算方法，对韩国经济的潜在增长率进行了新的估算。他们的估算结果是韩国潜在 GDP 增长率在 2016—2020 年介于 2.8% ~ 2.9% 。

他们认为，近些年潜在增长率的持续下降似乎是由于全要素生产率下降和资本积累减缓。全要素生产率下降似乎与韩国经济生产率下降密切相关，例如，服务业发展不足和监管水平较高。经济成熟导致的投资疲软和不确定性加剧，似乎是资本积累放缓的一个主要原因。未来，人口快速老龄化和劳动年龄人口减少，可能会加大劳动力潜在增长率下行的压力。

4.1.4 本报告的预测

从定性方面看，2018 年全球经济将继续以与 2017 年持平的速度增长。IMF 预计，除美国以外，主要发达经济体的增长将出现小幅下滑。然而，随着新兴经济体的改善，2018 年全球经济增速将达到 3.7% ，与 2017 年的 3.6% 类似。从外部看，主要出口产品单位价格下跌和全球竞争力下降将成为经济增长预期面临的下行风险。不过，全球贸易量的加速增长和美国的减税政策将起到积极作用。从内部看，市场利率飙升和资产价格下跌可能构成下行风险，而由政府政策推动的消费增长将构成上行风险。由此，本报告认为韩国 GDP 增长率可能与去年相近，波动不大。

从定量方面看，本报告使用时间序列模型对 GDP 增长率进行预测。

本报告使用的是 1961—2017 年韩国 GDP 增长率的数据①。第一步，对数据进行平稳检验。我们选用 KPSS 检验，检验发现原数据不是平稳序列，然后对数据进行一阶差分，差分后的 KPSS 检验结果如图 1 所示。

```
KPSS test for dgdp

Maxlag = 3 chosen by Schwert criterion
Autocovariances weighted by Bartlett kernel

Critical values for H0: dgdp is level stationary

10%: 0.347  5% : 0.463  2.5%: 0.574  1% : 0.739

Lag order     Test statistic
     0            .0174
     1            .0302
     2            .0472
     3            .0604
```

图 1　KPSS 检验结果

第二步，计算平稳时间序列自相关与偏自相关系数（见表 1）。从表 1 中可以看出，自相关与偏自相关系数均在 5% 的水平显著不为 0。根据表 1，我们选择 AR（5）模型。由表 2 可知，第 4 阶和第 5 阶系数都不显著，为考虑更简洁的模型，经过调试，我们把第 3、第 4、第 5 阶变量略去，得到的结果见表 3。

---

① 数据来源：世界银行数据库。

表1　　GDP 增长率一阶差分的自相关与偏自相关系数

LAG > al Autocor]	AC	PAC	Q	Prob>Q	[Autocorrelation]	[Parti
> ─────						
1 > ─┤	−0.4244	−0.4244	10.638	0.0011	───┤	─
2 > ─┤	−0.0983	−0.3343	11.219	0.0037	|	
3 > ─┤	0.0461	−0.2081	11.35	0.0100	|	
4 > ─┤	−0.1609	−0.3819	12.967	0.0114	──┤	
5 > |	0.2900	−0.0118	18.323	0.0026	├───	
6 > |	−0.1015	−0.0297	18.993	0.0042	|	
7 > ─┤	−0.1144	−0.1341	19.86	0.0059	|	
8 > |	0.0792	−0.1073	20.285	0.0093	|	
9 > |	−0.0018	−0.0301	20.285	0.0162	|	
10 > |	0.0491	−0.0144	20.455	0.0252	|	

表2　　　　　　AR（5）模型回归结果

ARIMA regression

Sample：1962 – 2017　　　　　　　　　　　　Number of obs = 56

　　　　　　　　　　　　　　　　　　　　Wald chi2（5）= 39.73

Log likelihood = − 148. 008　　　　　　　　Prob > chi2 = 0. 0000

dgdp	OPG Coef.	Std. Err.	z	P > |z|	[95% Conf. Interval]	
dgdp _ cons	− 0. 0769901	. 1912027	− 0. 40	0. 687	− . 4517405	. 2977603
ARMA						
ar						
L1.	− . 7158345	. 1375305	− 5. 20	0. 000	− . 9853893	− . 4462798
L2.	− . 6276864	. 2240746	− 2. 80	0. 005	− 1. 066865	− . 1885084
L3.	− . 4513978	. 1977518	− 2. 28	0. 022	− . 8389841	− . 0638114
L4.	− . 3769815	. 2318562	− 1. 63	0. 104	− . 8314113	. 0774484
L5.	− . 0107673	. 1886319	− 0. 06	0. 954	− . 3804791	. 3589445
/sigma	3. 365949	. 3214594	10. 47	0. 000	2. 7359	3. 995998

表 3   **AR（2）模型回归结果**

ARIMA regression

Sample：1962 – 2017   Number of obs = 56

                                                    Wald chi2（2） = 32. 43

Log likelihood = – 153. 5008   Prob > chi2 = 0. 0000

dgdp	OPG					
	Coef.	Std. Err.	z	P > |z|	[95% Conf. Interval]	
dgdp _ cons	– . 0623546	. 3148218	– 0. 20	0. 843	– . 679394	. 5546849
ARMA						
ar						
L1.	– . 5600387	. 1108912	– 5. 05	0. 000	– . 7773815	– . 3426959
L2.	– . 3318871	. 1407951	– 2. 36	0. 018	– . 6078404	– . 0559339
∕sigma	3. 737212	. 2610419	14. 32	0. 000	3. 225579	4. 248845

第三步，估计 AR（2）模型，得到 2018 年 GDP 增长率的预测值为 2.94%。

4.2   CPI

4.2.1   韩国官方预测

韩国中央银行预计整体消费者价格在 2018 年和 2019 年分别上涨 1.6% 和 2.0%。总体通货膨胀最近有所放缓，但由于国内需求复苏和油价上涨，预计通货膨胀将逐步回升。2019 年，随着国内经济继续扩张，整体通货膨胀率预计接近 2%。核心通货膨胀率（不包括食品和能源的 CPI）预计在 2018 年达到 1.6%，然后在 2019 年达到 2.0%。至于未来的通货膨胀路径，仍然存在上行和下行风险的组合。可能的上行风险包括：（1）国内经济增长强于预期，与全球经济的改善同步；（2）受地缘政治风险影响的油价上涨的可能性。与此同时，下行风险包括韩元升值导致进口价格下跌，以及美国页岩油生产扩张导致油价下跌。

KDI 考虑到私人消费增长相对较快，同时油价上涨的暂时效应消失，预计 CPI 将维持在 1% 左右。

4.2.2 国际机构预测

考虑到通货膨胀压力已经减弱，核心通货膨胀率仍然低于 2%，IMF 预测 CPI 稳定在 2% 左右。

OECD 预测，2018 年油价上涨可能会将 CPI 推高 0.4 个百分点，预计 2018 年 CPI 为 1.6%，2019 年 CPI 为 2.0%；2018 年核心 CPI 为 1.5%，2019 年为 2.0%。

4.2.3 本报告的预测

从定性方面看，2017 年整体通货膨胀有所放缓，但由于国内需求复苏和油价上涨，通货膨胀可能逐步回升。但是，考虑到国内经济整体不景气，预计 2018 年整体通货膨胀率在 2% 左右。

从定量方面看，本报告选用与预测 GDP 增长率相同的方法预测 CPI，使用韩国 1967—2017 年 CPI 同比增长率数据[①]。考虑到篇幅限制，具体过程不再赘述。我们拟合的模型显示，2018 年 CPI 将同比上涨 1.86%。

4.3 就业

4.3.1 韩国官方预测

韩国中央银行预测 2018 年就业人数将增加约 26 万人，2019

---

① 数据来源：世界银行数据库。

年将增加约 29 万人。2018 年的失业率预计为 3.8%，2019 年为 3.7%。

鉴于私人消费改善，但投资放缓相对较快，KDI 预计就业增长将从 2017 年起略有下降，失业率很可能维持在 2017 年的水平。

4.3.2 国际机构预测

IMF 预测政府支持就业的政策将逐渐发挥作用，2018 年韩国就业人数将有所上升。

OECD 预测 2018 年韩国就业增长率水平将低于 2017 年的 1.2%，为 0.9%；2019 年略有回升，为 1.0%。

4.3.3 学者的预测

Jeong 和 Kim 预测，随着私人消费改善和投资迅速萎缩，2018 年就业增长将接近 30 万人，略低于 2017 年。人口结构变化导致就业增长，预计 2018 年比 2017 年（约 14.5 万人）小幅增长 15.1 万人。与此同时，由总需求组成部分变化推动的增长预计从 2017 年的约 17 万人下降到 2018 年的约 13 万人。从行业来看，由于私人消费的改善，服务业就业人数将实现一定的增长，而投资低迷导致建筑业就业人数出现下降。由此，如果 2018 年预算法案中提出的创造就业政策产生效果，预计 2018 年就业增长将在 30 万人左右。

4.3.4 本报告的预测

从定性方面看，人口结构变化导致的就业增长放缓预计在 2018 年暂时停止，服务业将因私人消费改善而出现劳动力需求增加。但是，由于投资增长放缓相对较快，预计 2018 年就业总人数增幅略低于 2017 年，尤其是建筑业。因此，考虑到投资萎缩的影响，我们预测 2018 年就业增长略有回落。

从定量方面看，与上文采用相同的方法，估计结果是 2018 年韩国就业人数在 345812 人左右波动。

4.4 对外贸易与投资

4.4.1 韩国官方预测

韩国中央银行考虑到由于企业投资的复苏，全球进口需求稳步上升，全球贸易将继续强劲增长。然而，全球贸易仍然存在一些风险，例如贸易保护主义的抬头，以及中国经济向消费驱动型增长的转型。鉴于此，韩国中央银行预测 2018 年韩国的经常账户盈余将达到 705 亿美元，到 2019 年将达到 700 亿美元左右。其中，2018 年货物赤字盈余 1150 亿美元，服务贸易赤字 340 亿美元。2019 年预计货物贸易盈余 1140 亿美元，服务贸易赤字 335 亿美元。

考虑到净出口扩大，而贸易条件因出口价格增长缓慢而恶化，KDI 预测韩国经常账户将出现与 2017 年类似的顺差。

4.4.2 国际机构预测

IMF 预测韩国净出口将有助于经济增长，经常账户盈余将保持在 5％左右的高位，经常账户盈余反映出储蓄率较高。

OECD 预测韩国经常账户盈余相较 2017 年的 5.1％将有所下降，预计 2018 年上涨 4.0％；2019 年有所回升，上涨 4.5％。

4.4.3 本报告的预测

从定性方面看，一方面是新兴市场投资复苏，另一方面是中国结构转型导致对韩国进口依赖性的减弱，本报告预测韩国对外贸易将出现温和增长。

从定量方面看，使用上文介绍的方法，本报告预测 2018 年经常账户余额为 789.66 万美元。

分报告四

2018 年蒙古国经济发展报告

1 蒙古国经济地位

1.1 GDP

2017 年蒙古国的 GDP 总量为 111.49 亿美元，占亚洲的 0.038%，比上年下降了 0.0023 个百分点；占世界的 0.014%，比上年下降了 0.0083 个百分点。

无论是与亚洲还是与世界其他国家相比，蒙古国经济的增长都是很有限的，2016 年蒙古国爆发的经济危机，尤其是其货币的迅速贬值，对其经济发展带来了巨大的影响。

1.2 人口、就业和收入

截至 2017 年 12 月底，蒙古国的人口数为 318 万人，比 2016 年增长了 1.86 个百分点。

2017 年底，蒙古国城镇登记失业人口 2.55 万人，失业率为 8.8%，比上年失业率下降 1.2 个百分点，比世界平均水平高 3.32 个百分点。

2017 年蒙古国年人均收入为 3491 美元，按照世界银行的分类，蒙古国属于下中等收入国家。

2017 年蒙古国经济发展欠佳，失业情况依然十分严重，这与经济危机后国家经济还没有迅速恢复有直接的联系。

1.3 土地

蒙古国的土地面积为 156.65 万平方公里，是世界上国土面积第 19 大的国家，也是仅次于哈萨克斯坦的世界第二大内陆国家。蒙古国位于中华人民共和国和俄罗斯之间，是一个被两国包围的内陆国家，蒙古国虽然不与哈萨克斯坦边境接壤，但其最西点到哈萨克斯坦的最东端只有 38 公里。

1.4 进出口贸易总额

2017 年，蒙古国与世界上 163 个国家和地区的贸易总额为 105 亿美元，同比增长 27.3%。其中，出口总额 62 亿美元，同比增长 26.1%；进口总额 43 亿美元，同比增长 29.1%；贸易顺差 19 亿美元，同比增长 19.7%。2017 年 1~12 月，蒙古国煤炭出口 3340 万吨，较上年同期增长 29.4%，金额 22.68 亿美元，较上年同期增长 130%；铜精粉出口 144.72 万吨，较上年同期下降 7.3%，金额 16.13 亿美元，较上年同期增加 0.3%；铁矿石出口 625.78 万吨，较上年同期增加 2.8%，金额 3.13 亿美元，较上年同期增加 25.4%；原油出口 751.42 万桶，较上年同期减少 6.3%，金额 3.74 亿美元，较上年同期增加 10.9%；锌精矿粉出口 11.82 万吨，较上年同期减少 6.2%，金额 1.81 亿美元，较上年同期增加 24.13%。2017 年肉类出口共计 29300 吨，同比增长 229.1%。

1.5 国际投资

2017 年，蒙古国国际直接投资流入额为 14.94 亿美元，国际直接投资流出额为 0.49 亿美元。在国际直接投资方面，蒙古国的国际直接投资流入与流出额都很小。由于蒙古国近期经济形势不容乐观及其经济发展较为落后，所以投资流向国外的数量极少。在吸收国际直接外资方面，2016 年，蒙古国的国际直接投资流入额为 −41.56 亿美元，2017 年较上年流入额有明显上升。

1.6 国际储备

截至 2017 年 12 月底，蒙古国外汇储备 30.08 亿美元，同比增加 132.04%。

2017 年蒙古国工业产值完成 12.9 万亿图格里克，同比增长 30.3%，增长 3.0 万亿图格里克。其中，矿业产值增长 32.8%，增长 2.3 万亿图格里克。矿业产值中，煤炭产值增长 78.7%，增长 1.1 万亿图格里克；金属类矿产值增长 20.7%，增长 1.0 万亿图格里克。

矿产业为蒙古国的支柱产业。2017 年矿业产值 93860 亿图格里克，占 GDP 的 46.3%，占工业产值的 72.8%。其中，矿山开采产值 42913 亿图格里克，占 GDP 的 21.1%。2017 年矿产品生产量如下：铜矿粉 131.71 万吨，钼矿粉 5616.7 吨，黄金 19.85 吨，萤石、萤石粉 5.52 万吨，铁矿石（铁矿砂）367.75 万吨，锌矿粉 8.27 万吨，煤炭 4948.03 万吨，原油 762.40 万桶。

2017 年蒙古国主要矿产品出口量如下：铁矿石（铁矿砂）625.78 万吨；铜矿粉 147.22 万吨；锌矿粉 11.82 万吨；黄金（半成品）14.555 吨；煤炭 3340.0 万吨；萤石（萤石粉）31.93 万吨，货值 8420 万美元；原油 750.414 万桶。

2017 年蒙古国农业种植面积 52.43 万公顷，同比增长 3.8%。其中，谷物 39.09 万公顷，土豆 1.5 万公顷，蔬菜 8400 公顷，饲料作物 2.62 万公顷。收获谷物 23.81 万吨，同比减产 50.7%，减产 24.5 万吨；土豆 12.18 万吨，同比减产 26.3%，减产 4.35 万吨；蔬菜 8210 吨，同比减产 13.1%，减产 1.23 万吨；储草100.81 万吨，同比减产 21.0%，减产 26.73 万吨；饲料 5.23 万吨，同比增长 14.2%，增长 6500 吨。

畜牧业为蒙古国的基础产业。2017 年牲畜存栏总数为6621.58 万头。其中，马 393.94 万匹，同比增长 8.4%；牛438.82 万头，同比增长 7.5%；骆驼 43.41 万峰，同比增长8.2%；绵羊 3010.80 万只，同比增长 8.1%；山羊 2734.61 万只，同比增长 6.9%。

2 蒙古国经济发展形势

2.1 GDP

2017 年蒙古国的 GDP 增长率为 5.1%，比上年提高 3.9 个百分点。投资增长比上年提高 138 个百分点，对 GDP 的贡献度为 29.5%。进出口增长 27.3%，比上年提高 26.9 个百分点，对 GDP 的贡献度为 17%。

较 2016 年而言，蒙古国经济有了很大的增长，其中投资增长尤为突出，对经济的贡献度也较高。2016 年蒙古国经济危机以来，蒙古国经济有了一定程度的复苏，2017 年吸引国际直接投资流入也较 2016 年有了很大程度的增加。无论是出口贸易额还是进口贸易额，都较上年有大量增加。

2.2 CPI

2017 年蒙古国 CPI 增速为 4.05%，比上年提高 1 个百分点。2017 年 12 月，蒙古国 CPI 较上月上涨 0.5%，较上年同期上涨 6.4%。同期相比，食品价格上涨 7.3%，烟酒价格上涨 3.7%，服装价格上涨 4.2%，房屋、水、电、燃料价格上涨 7.4%，家具和家电价格上涨 5.5%，医疗保健用品价格上涨 9.3%，运输价格上涨 10.4%，通信价格下降 0.5%，文化娱乐用品价格上涨 3.9%，教育价格上涨 5.5%，酒店价格上涨 3%，其他货物和劳务价格上涨 7.9%。

2.3 就业与收入

2017 年蒙古国劳务部门登记的失业、求职人员为 3.71 万人。其中，2.55 万人（68.7%）为无职业失业人员，比上年下降 9 个百分点；1.16 万人（31.3%）为择岗求职人员，失业人员中女性占 53%。2017 年重新就业人员 2.86 万人。蒙古国的年人均收入增长 2.8%，比上年下降了近 1 个百分点。

2.4 国际贸易与投资

2017 年蒙古国的进出口贸易总额增长 27.3%，比上年提高 26.9 个百分点。对外直接投资流入增长 138%。国际直接投资流出额占 GDP 的比重较上年提高了 0.4 个百分点。

2017 年蒙古国的国际商品贸易中，出口额为 62.01 亿美元，进口额为 43.36 亿美元，商品贸易的出口增长率较上年提高 26.1 个百分点。国际商品贸易的出口结构中，农产品贸易额占 5%，矿藏资源贸易额占 54%，燃料贸易额占 27%，其他类占 14%。2017 年蒙古国的国际服务贸易中，出口额为 10.06 亿美元，进口额为 22.01 亿美元。国际服务贸易的出口结构中，交通运输贸易额占 33.7%，旅游贸易额占 39.3%，其他类占 27%。

2.5 蒙古国对其他经济体的国际贸易与投资

2017 年蒙古国对华贸易总额为 66.816 亿美元，同比增长 35.75%。中国是蒙古国的第一大贸易伙伴，对华贸易占蒙古国对外贸易的 57%；其中出口额为 52.690 亿美元，同比增长 35.7%，占其出口总额的 85%；进口额为 14.126 亿美元，同比增长 35.8%，占其进口总额的 33%。实现贸易顺差 38.564 亿美元。

对华出口主要产品及货值分别如下：铜矿粉 144.72 万吨，货值 16.131 亿美元；铁矿石（铁矿砂）625.78 吨，货值 21.879 亿美元；原油 750.414 万桶，货值 3.741 亿美元；马肉 23422 吨，货值 3819.47 万美元；洗净山羊绒 5409.7 吨，货值 2.056 亿美元。蒙古国自中国进口水泥 1.1 万吨，货值 62.56 万美元。

2017 年蒙古国对日本出口额为 1481.65 万美元，比 2016 年的 1403.17 万美元增长了 5.6%；进口额为 36315.07 万美元，比 2016 年的 33061.87 万美元增长了 9.8%。

2017 年蒙古国对韩国出口额为 1161.78 万美元，比 2016 年的 847.04 万美元增长了 37.2%；进口额为 19770.37 万美元，比 2016 年的 19788.90 万美元减少了 0.09%。

2017 年蒙古国对俄罗斯的出口额为 6766.11 万美元，比 2016 年的 5576.9 万美元增长了 21.3%；进口额为 121726.14 万美元，比 2016 年的 88040.32 万美元增长了 38.3%。

3 对蒙古国经济形势的评价

蒙古国位于亚洲中部，是"一带一路"北线重要支点；中俄蒙三国经济走廊将通过交通、货物运输和跨国电网的链接，打通三国经济合作的走廊建设；蒙古国矿产资源丰富，且正处在开发初级阶段，开发潜力巨大。2017 年对于蒙古国来说，是经济面临巨大挑战的一年，根据 IMF 与世界银行对蒙古国经济发展的统计，2017 年蒙古国的经济形势如下：

3.1 背景：蒙古国经济前景光明，但目前面临严峻挑战

蒙古国拥有大量的铜、金、煤炭和其他矿产资源，这些矿产资源中的许多种类处于待开发或已投产状态。蒙古国经济拥有多元化发展涉农产业（尤其是乳业、肉类和羊绒业）以及旅游业的良好潜力。然而，目前蒙古国经济增长低迷，外汇储备较少，财政赤字规模较大，债务不断增加，银行体系脆弱。外部冲击给脆弱的蒙古国经济以沉重打击。此外，扩张性政策加剧了这些冲击对蒙古国经济的影响。

3.2 蒙古国经济 2017 年发展态势

蒙古国为克服经济危机，2017 年从 IMF 得到协助。蒙古国实施 IMF"金融扩展计划"，从 IMF 及其他国际机构和伙伴国家共筹集 55 亿美元，以便在三年的时间内实施上述计划。随着首笔资

金引入蒙古国，投资商对蒙古国的信任开始恢复，经济压力有所下降。蒙古国已解决偿还部分债券问题，缓解了至 2021 年对外债券偿付上可能会发生的风险。世界三大国际评级机构之一惠誉将蒙古国信用评级的展望由"稳定"上调至"正面"等级。蒙古国预算前景乐观，预算收入和外汇储备增长等成为主要原因。

经济发展有所提升。2017 年工业产值完成 12.9 万亿图格里克，同比增长 30.3%。2017 年工业产品销售额为 15.2 万亿图格里克，其中出口销售 10.1 万亿图格里克，占销售总额的 66%。

2017 年农业种植面积 52.43 万公顷，同比增长 3.8%。

畜牧业为蒙古国的基础产业。2017 年牲畜存栏总数为 6621.58 万头。

2017 年建筑业完成产值 31307 亿图格里克，同比增长 1.5%，增长 459 亿图格里克。国内企业完成 29446 亿图格里克，占 94.1%；外国企业完成 1860 亿图格里克，占 5.9%。建筑业中，住宅建筑占 39.4%，同比增长 4.1 个百分点；非住宅建筑占 35.5%，同比下降 5.5 个百分点；通用设施建筑占 22.4%，同比增长 0.2 个百分点；大修建筑增长 1.2 个百分点。

财政状况有所改善。2017 年国家财政总收入 7.2 万亿图格里克，同比增长 9.0%；财政总支出 8.9 万亿图格里克，同比下降 5.4%；财政赤字 1.7 万图格里克。税收收入 6.3 万亿图格里克，同比增长 10.3%，增长 1.4 万亿图格里克。其中，特别税下降 17.5%，下降 1104 亿图格里克；所得税增长 54.3%，增长 5665 亿图格里克；增值税增长 41.9%，增长 4785 亿图格里克；对外服务收入增长 56%，增长 1839 亿图格里克；社保基金收入增长 18.4%，增长 2043 亿图格里克。非税收入 9365 亿图格里克，同比下降 2.9%。

货币环境不佳。2017 年蒙古国平均汇率为 1 美元兑换 2433.9 图格里克，同比上涨 2.0%。1 元人民币兑换 369.0 图格里克，同比下跌 2.9%。1 卢布兑换 41.52 图格里克，同比下跌 3.8%。截至 2017 年底，货币供应量（M_2）15.8 万亿图格里克，同比增长 29.9%；金融系统贷款 13.6 万亿图格里克，同比增长 9.6%。其中，逾期贷款 8233 亿图格里克，不良贷款 1.2 万亿图格里克。2017 年通货膨胀率为 6.4，同比上涨 4.5 个百分点。

外债负担沉重。2017 年蒙古国外债余额约为 230 亿美元。其中，企业债务约 80 亿美元，政府债务约 60 亿美元，商业银行债务约 20 亿美元，中央银行债务约 10 亿美元；其他债务 60 亿美元，同比增加 10%。银行体系面临重大挑战。蒙古国银行业规模较小，总资产占 GDP 的 90%，贷款仅占 GDP 的 50%。由于经济疲软和货币贬值，银行业资产质量有所下降，这给资本充足率施加了压力。

3.3　经济挑战

蒙古国经济面临重大风险。蒙古国经济高度暴露于全球大宗商品市场，而且区域溢出效应也对其具有影响，如中国经济增长放缓意味着对蒙古国大宗商品的需求减少，就像中国燃煤发电的改革对蒙古国煤炭需求的影响，但是这些影响可能在一定程度上被以下因素抵消：中国持续减少煤炭供应，中国家庭收入和消费的不断增加可能对蒙古国旅游业、乳制品、肉类和羊绒需求提供支持。蒙古国经济的根本问题是经济多元化程度较低及其经济盛衰的周期性。

3.4　对蒙古国经济政策的评价

2017 年蒙古国经济基本进入了稳定增长时期。蒙古国政府提出了"三个支柱发展政策",这将成为本届政府未来三年投资规划的基础。具体来说,"三个支柱"是指蒙古国人、好政府、蒙古国资源。其内涵包括多支点经济发展政策,建设公正、有纪律、负责任、稳定的政府,以及以人为中心的社会政策等三大战略27个目标。在经济方面,2017年蒙古国国内生产总值(GDP)增速为5.1%,经济发展势头稳中向好;外贸收入增加,外汇储备由2016年的11亿美元增加到32亿美元。

2016年6月,蒙古人民党在国家大呼拉尔选举获胜后单独组阁。当时的经济面临国库亏空、外债高筑、外资减少、货币贬值等严重问题。为摆脱经济困难,2017年5月,蒙古国政府与国际货币基金组织(IMF)签署了"扩大资助计划",同时蒙古国实施紧缩性的预算政策和货币政策,主要包括暂停发放儿童补贴、暂停为国家公务人员涨工资等举措。"扩大资助计划"的实施为蒙古国经济的恢复起到了重要作用。

蒙古国前驻外大使巴亚尔呼提出,现今蒙古国经济存在的最大问题是过分依赖矿产行业,由此,国际大宗商品的价格变化会直接影响蒙古国的经济增长能力。蒙古国政府提出的"三个支柱发展政策"若能有效实施,确实可以改变其经济能力单一的现状。其中,"多支点经济发展政策"提出了加强农牧业、发展重工业和矿产业、加大建设基础设施力度等政策目标。

蒙古国的学者指出,蒙古国政府应该重视建立良好的投资环境,以保障在蒙古国投资的外国企业的合法权益;同时,要保持国内政治的稳定性,在政党选举更迭的过程中,保持各项政策的延续性。

3.5 我国与蒙古国经济合作的建议

中国与蒙古国两国边界线长4710公里,两国于1949年10月

16 日建立了外交关系。中蒙建交 70 年来，睦邻友好关系一直是主流趋势。近 30 年来，两国关系发展迅速，发展成果也尤为显著。其中，1994 年双方重新签署《中蒙友好合作关系条约》，为两国关系健康、稳定发展奠定了基础。1998 年 12 月，应江泽民同志的邀请，蒙古国总统对中国进行了国事访问，双方发表中蒙联合声明，确定建立两国面向 21 世纪长期稳定、健康互信的睦邻友好合作关系。1999 年 7 月，江泽民同志应邀对蒙古国进行国事访问，充实了两国间的睦邻友好合作关系的内涵。2002 年 1 月，蒙古国总理对中国进行了正式访问，其间双方发表了联合公报。2003 年 6 月，胡锦涛同志对蒙古国进行国事访问，双方宣布建立中蒙睦邻互信伙伴关系，同时发表了联合声明。2004 年 7 月，蒙古国总统对中国进行国事访问，双方发表了中蒙联合声明。2006 年 11 月，蒙古国总理对中国进行正式访问。2008 年 6 月，习近平同志应邀对蒙古国进行正式访问。近年来，两国合作不断扩大，中国已连续多年成为蒙古国最大的贸易伙伴和投资国。

在共建"一带一路"的大背景下，中国与蒙古国合作的潜力非常大。今后，应大力加强中国与蒙古国的经济贸易合作，具体的建议如下：

一是推动与蒙古国的"草原之路"计划的对接行动。早在 2014 年，蒙古国政府就启动了名为"草原之路"的振兴计划。该计划投资 500 亿美元，力争推动高速铁路、电气化铁路、天然气及石油管道等五个项目，由此利用运输的发展来带动贸易的发展，继而推动整个蒙古国经济的发展。中国目前应大力推动"一带一路"倡议与"草原之路"振兴计划对接行动，以基础设施建设为根本，大力提升中蒙铁路运输的能力。同时，以《中蒙俄发展三方合作中期路线图》为抓手，加快推进中蒙俄经济走廊建设。另外，中国应利用该契机，大力促进两国间宏观战略、微观策略、产业项目和技术标准的综合衔接，并尽快推动形成互利共赢的合作新格局，继而为东北亚经贸合作注入新活力。

二是致力于提升贸易、投资便利化。中蒙两国应该加强政府政策层面的沟通协调，大力推动两国口岸部门的信息互换、监管互认、执法互助等。中蒙两国还应该进一步优化两国间企业的经营环境，力争在税收、标准、签证、劳务及投资者权益保障等方面提出相应的措施，为中蒙间经贸、投资合作提供有效保障。

三是探索新的经贸合作模式。中国应该在发挥技术、资金、经验优势的基础上，探寻在蒙古国实行新的合作方式，努力采用吸引社会资本投入的方式来实现两国之间的经贸合作。另外，中国需大力推进与蒙古国合作建设工业园区和产业集聚区的进程，优先启动一批带动性和示范性较强的合作项目，加快打造"一带一路"沿线特别是中蒙俄经济走廊上国与国之间合作的新模式。

四是发挥金融机构的支持作用。中蒙两国应该在"一带一路"合作的框架下，探寻设立中蒙基础设施互联互通基金和中蒙产能合作基金等相关金融机构，为两国投资合作提供必要的金融支持。

分报告五

2018 年朝鲜经济发展报告

1 朝鲜经济地位

1.1 GDP

2017 年朝鲜 GDP 为 170 亿美元[①]，占亚洲的 0.06%，与上年基本持平；约占世界的 0.021%，略低于上年的 0.022%。

朝鲜自 2011 年起实施了一系列"经济管理改善措施"，因而在农业、工业和服务业等领域取得了相应的进展，形成了促进经济发展的内生动力，从而实现了一定程度的经济增长。2016 年以来，朝鲜不停地进行核试验，因此面临国际上的严厉制裁。2018 年 4 月，朝鲜宣布将中止核试验与洲际弹道导弹试射，并废弃北部核试验场；同时，宣布朝鲜将集中全部力量发展经济，这一新的战略引发了市场对朝鲜将进行对外开放以及经济向好的期待。

1.2 人口、就业和收入

2017 年，朝鲜人口 2549 万人（UNCTAD，2017），占亚洲的 0.57%，占世界的 0.34%。其中，60 岁以上人口约占总人口的 13.5%，高于亚洲的 12.2% 和世界的 12.7%。人口老龄化指数[②] 约为 65.4%，高于亚洲的 50.4% 和世界的 49.2%[③]，存在人口老

---

① 根据 UNCTAD 数据库朝鲜 2016 年 GDP 数据及 2017 年朝鲜 GDP 的增长率测算。
② 人口老龄化指数（Ageing Index）= 60 岁以上人口数/ 15 岁以下人口数，https://www.cepal.org/prensa/noticias/comunicados/7/13597/tableageing.pdf。
③ 根据 UNCTAD 的数据测算所得。

龄化的隐患。

2017 年，朝鲜的失业率为 4.78%，低于世界 5.5% 的水平，比上年提高 0.06 个百分点[①]。其中，男性失业率为 5.5%，女性失业率为 4%。由于朝鲜大部分男性都要服兵役，主要劳动力是妇女，成熟劳动力难以满足市场需求。但是，由于高度重视教育和科技投入，而且实施 12 年义务教育，韩国劳动力的受教育水平相对较高，质优价廉。

2017 年朝鲜国民总收入约 174 亿美元，人均国民收入为 683 美元[②]，比亚洲平均水平低 5886 美元，比世界平均水平低 10004 美元，属于低收入国家。

1.3 土地

朝鲜位于亚洲东部朝鲜半岛北半部，北部与中国为邻，东北与俄罗斯接壤。国土面积 12.3 万平方公里，山地约占 80%。

朝鲜矿产资源丰富。据报道，当前已探明的矿产达 300 多种，其中有用矿产达 200 多种。石墨、菱镁矿的储量居世界前列；铁矿及铝、锌、铜、银等有色金属，以及煤炭、石灰石、云母、石棉等非金属矿物储量丰富。此外，其水利和森林资源较丰富。[③]

1.4 进出口贸易总额

2017 年，朝鲜货物进出口贸易总额为 57.8 亿美元，约占世界货物进出口总额的 0.016%。其中，出口贸易额为 18.5 亿美

---

① http：//finance. sina. com. cn/worldmac/compare. shtml？indicator = SL. UEM. TOTL. ZS & nation = KP&type = 0.
② https：//unctadstat. unctad. org.
③ 引自中华人民共和国外交部网站（https：//www. fmprc. gov. cn/web/gjhdq _ 676201/gj _676203/yz _ 676205/1206 _ 676404/1206x0 _ 676406）。

元，占世界出口总额的 0.01%，增长率为 -38.13%；进口贸易额为 39.3 亿美元，占世界进口总额的 0.02%，增长率为 1.81%。贸易逆差为 20.8 亿美元，主要贸易伙伴为中国、俄罗斯、韩国等。

朝鲜在其国家经济发展五年战略中提出未来将力图改善贸易结构，提高加工贸易方式的出口比重以及技术贸易和服务贸易水平。

1.5　国际投资

20 世纪 80 年代起，朝鲜开始引进外资，在靠近中朝、朝俄边境的罗先地区设立自由经济贸易区。此外，朝鲜还鼓励创办合资、合营企业，并于 1992 年颁布了合资合营企业法。2002 年 11 月，朝鲜宣布建立开城工业区和金刚山旅游区，由朝韩双方合作开发。2008 年，朝俄"哈桑—罗津"铁路和罗津港改造项目启动。2011 年 6 月，中朝两国决定共同开发、管理黄金坪、威化岛经济区和罗先经贸区"两个经济区"。

2017 年，朝鲜吸引外商直接投资 6300 万美元，占亚洲吸引外资的 0.01%，占世界的 0.004%。截至 2017 年，朝鲜吸引外资存量达 8.15 亿美元，约占亚洲吸引外资存量的 0.01%，占世界的 0.003%。

朝鲜制定的着力保障经济开发区有利的投资环境、在主体原则下将给予合资合作项目的投资者实惠以及大力发展旅游产业等政策将在未来提升其对外资的吸引力。

2 朝鲜经济发展形势

2.1 GDP

2017 年朝鲜 GDP 增长了 1.3%（UNCTAD，2017），比上年降低了 2.56%，减小幅度是自 1997 年后 20 年来最大的一次。支撑朝鲜经济增长的矿业、制造业、水电燃气业等都出现减少趋势。其中，农林渔业经济因农产品和水产品产量减少，增长率减少了 1.3%（上年 2.5%）；矿业经济因煤炭产量大幅下降，增长率减少了 11.0%（上年 8.4%）；制造业经济增长率下降了 6.9%（上年 4.8%）；水电燃气业经济增长率减少了 2.9%（上年 22.3%）；建筑业经济增长率下降 4.4%（上年 1.2%）；服务业经济增长率增长 0.5%（上年 0.6%）。①

朝鲜的对外出口占 GDP 的 5.9%，增速为 −38.1%，相比 2016 年的 −27.9%，增速继续放缓；进口占 GDP 的 11.1%，增速为 1.8%，相比 2016 年的 −6.9%，实现了较大幅度的增长。其中，矿产品出口减少 55.7%，纤维产品出口减少 22.2%，动物加工产品出口减少 16.1%。

据朝鲜官方公布的数据，2017 年朝鲜国家预算收入计划超额完成 1.7%，较 2016 年增长 4.9%。地方预算收入计划超额完成 0.5%。2017 年国家预算支出计划执行 99.8%。国家预算支出中，

---

① 韩国银行（中央银行）公布的韩国对 2017 年朝鲜经济运行的监测数据。

国防支出占 15.8%，经济建设支出占 47.7%，文化建设支出占 36.3%。2018 年国家预算较 2017 年增加 3.2%。①

2.2 物价②

朝鲜目前存在两种物价：一是国家调拨价（配给价），二是流通市场价，后者大幅高于前者。

2.3 就业与收入

2017 年，朝鲜的失业率为 4.78%（见表 1）。其中，男性失业率为 5.5%，女性失业率为 4%，比上年提高 0.06 个百分点③。

表 1 　　　　　　　　　　朝鲜失业率

年份\\指标	2008	2009	2010	2011	2012	2013	2014	2015	2016	2017
总失业率	4.47	4.58	4.56	4.52	4.49	4.49	4.48	4.52	4.72	4.78

资料来源：http://finance.sina.com.cn/worldmac/compare.shtml? indicator = SL.UEM.TOTL.ZS&nation = KP&type = 0.

由图 1 可知，朝鲜人均 GNI 保持稳定增加。

---

① 引自中华人民共和国外交部网站（https://www.fmprc.gov.cn/web/gjhdq _ 676201/gj _676203/yz _676205/1206 _676404/1206x0 _676406）。

② 商务部国际贸易经济合作研究院，商务部投资事务促进局，中国驻朝鲜大使馆经济商务参赞处．对外投资合作国别（地区）指南——朝鲜［Z］. 2014.

③ http://finance.sina.com.cn/worldmac/compare.shtml? indicator = SL.UEM.TOTL.ZS & nation = KP & type = 0.

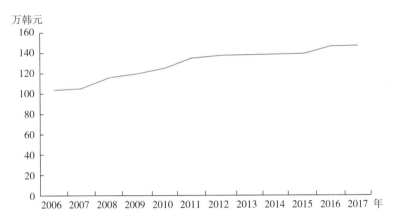

资料来源：根据韩国银行（https：//www. bok. or. kr/eng/main. do）发布的数据整理制作。

图 1 朝鲜人均 GNI

2. 4 对外贸易与投资

2017 年朝鲜对外贸易总额为 55. 5 亿美元，较 2016 年的 65. 3 亿美元减少了 15%。出口总额为 17. 7 亿美元，较 2016 年下降了 37. 2%，进口总额为 37. 8 亿美元，较上年增长了 1. 8%，其中矿物产品进口下降 9. 0%，化学产品进口增长 10. 6%，纺织品进口增长了 5. 4%。

2017 年朝鲜吸引外商直接投资 6300 万美元，同比减少 32%。受联合国采取对朝制裁措施的影响，国际社会加大涉朝制裁力度，外商对朝投资受限是朝鲜吸引外商直接投资减少的主因，其中，欧洲企业对朝投资大幅减少。

2. 5 朝鲜与东北亚其他国家和地区的经贸往来

2. 5. 1 朝鲜与中国

2017 年，朝鲜和中国的双边贸易额约为 52. 5 亿美元，占朝鲜对外贸易总额的90%以上，占朝鲜出口总额的89.2%，占朝鲜进口总额的94.3%。

其中，中国从朝鲜进口16.5亿美元，占中国进口总额的0.09%；中国对朝鲜出口36亿美元，占中国出口总额的0.14%。① 据中国海关统计，2017年我国对朝鲜进出口总额同比下降10.5%，其中出口增长8.3%，进口下降33%，贸易顺差扩大了2.2倍。

按贸易额计算，朝鲜向中国出口最多的商品为服装及其装饰产品（28.7%）、矿物燃料和矿物油（24.3%）、铁矿石（铁矿砂）（10.8%）、鱼类等海产品（9.4%）以及水果和坚果类产品（4.6%）；朝鲜从中国进口的商品种类繁多，其中排名前五的产品为电器设备及零部件（10.3%）、机械设备（7.6%）、塑料制品（7%）、人造纤维（6.6%）和车辆零部件（6.2%）。②

2.5.2 朝鲜与韩国

2017年，朝鲜与韩国的贸易额为90万美元，较2016年减少了99.7%，仅占朝鲜当年总贸易额的0.016%，几乎可忽略不计。这90万美元全部为韩国对朝鲜的出口（包括韩国对朝鲜的人道主义援助），较2016年减少了1.46亿美元，下降了99.4%；朝鲜对韩国出口为0，较2016年减少了约1.86亿美元，下降幅度为100%。

朝鲜与韩国贸易的大幅下降与2016年开城工业园的关闭有直接关系。2016年1月6日，朝鲜进行第四轮核试验；2月9日，韩国总统下令中断开城工业园区运转。同年3月，朝鲜宣布其与

---

① https：//www.northkoreaintheworld.org/.
② 根据朝鲜贸易数据计算整理。

韩国之间的所有经济合作、交流协议自此时全部失效；同时，因韩国单方面全面中断了金刚山观光和开城工业园区的运转，朝鲜也将彻底清算其境内韩国企业及相关机构的资产。截至 2016 年，开城工业园区关闭前，园区内以投资额为基准的韩国资产共计1.019 万亿韩元。其中，公共部门 4577 亿韩元，占 44.9%；民间5613 亿韩元，占 55.1%。据韩国贸易协会的统计，园区贸易额占朝韩贸易额的 99%。① 园区的关闭意味着朝韩之间的经济贸易纽带被切断。

2.5.3　朝鲜与蒙古国

2017 年，朝鲜对蒙古国贸易总额为 237 万美元②，较 2016 年的 210.8 万美元增长了 12.4%。其中，朝鲜对蒙古国出口额为 37万美元，较 2016 年下降了 3.4%；朝鲜从蒙古国进口 200 万美元，同比增长了 15.8%。③

朝鲜对蒙古国出口的主要商品有食物制剂、医药产品及非针织类服装和装饰等，从蒙古国进口的主要商品为烟草及其制成品（占当年朝鲜从蒙古国总进口的 98.2%）、服装及纺织品等。④

另据报道，有 1000 多名来自朝鲜的工人在蒙古国的工厂、建筑工地和其他部门工作。2017 年，蒙古国政府宣布私营企业不允许再与来自朝鲜的工人签订新的劳务合同，已经签订的 1 年期劳务合同也不再续签。⑤

---

①　http：//www.fx361.com/page/2016/0719/225473.shtml.
②　数据来源：大韩贸易投资振兴公社。
③　2016 年，朝鲜从蒙古国进口 172.5 万美元，对蒙古国出口 38.3 万美元。数据来源于https：//www.northkoreaintheworld.org/。
④　此处采用 2016 年的数据，来源于 https：//www.trademap.org.
⑤　https：//www.northkoreaintheworld.org/.

2.5.4 朝鲜与俄罗斯

2017 年朝鲜与俄罗斯的总贸易额约为 7790.7 万美元，较 2016 年（7684.7 万美元）增长了 1.38%，占朝鲜当年总贸易额的 1.3%。其中，朝鲜对俄罗斯出口 371.9 万美元，较上年减少了 57.7%；朝鲜从俄罗斯进口 7418.8 万美元，较上年增长了 9.01%。朝鲜对俄的贸易逆差达 7046.9 万美元。

朝鲜从俄罗斯进口的商品主要有矿物燃料和矿物油类产品（83.1%），动植物脂肪、鱼类等水产品以及面粉、淀粉类等产品（10.4%）；朝鲜向俄罗斯出口的商品主要有非针织类服装及饰品（31.6%），乐器及零件装饰（26.4%），化学产品、塑料及塑料制品和电气设备及零部件等（20.9%）。

2.5.5 朝鲜与日本

2009 年，由于朝鲜不顾国际社会反对，执意进行核试验，日本政府即决定全面禁止对朝鲜出口业务以制裁朝鲜。在此之前的 2006 年，朝鲜进行第一次核试验后，日本已经对朝鲜实施了单方面制裁，包括禁止朝鲜籍船只入港及全面禁止来自朝鲜的进口业务等。至此，日本已经切断了与朝鲜的所有贸易往来。

根据日本政府提供的数据，自 2006 年以来，日本对朝鲜的出口贸易额已经下降近 85%，2008 年贸易总额只有 820 万美元[①]。自 2009 年起，并没有朝鲜与日本之间的贸易数据。

---

① http://news.sohu.com/20090617/n264571170.shtml.

3 对朝鲜经济发展的评价

3.1 对朝鲜经济形势的评价

3.1.1 朝鲜本国对其经济形势的评价

3.1.1.1 朝鲜国民经济总体形势评价

据朝鲜本国媒体报道，2016—2017 年，朝鲜的几千家工业企业提前完成了其年度国民经济计划。国民经济的各个部门都取得了一定的发展，其中电力和煤炭产业实现了生产的正常化，冶金工业和铁路运输等部门则取得了跨越式的发展。此外，由于朝鲜加大了推进国内原材料和设备研发及生产的力度，许多贴朝鲜商标的轻工业产品也实现了批量化生产。同时，本土商品的销售比例也有显著提高。

基础设施建设和民生工程建设方面也取得了很大进展。首都平壤市内的公共设施得以改建和改善，而且新建了多条现代化的大街，涉外商店、餐厅的数量也有所增加。此外，一系列惠民工程的建设，使民众的基本生活得到保障的同时，业余生活也丰富起来。①

---

① 陆睿，朱龙川. 综述：朝鲜努力推进国家经济发展五年战略［EB/OL］.［2017 - 01 - 09］. http：//. xinhuanet. com/world/2017 - 11/09/c - 1120271451. htm.

3.1.1.2 对朝鲜经济发展形势的评价①

首先，朝鲜拥有较为丰富的自然资源。朝鲜矿产资源的存储量占朝鲜半岛总储量的80%以上，潜在的总价值超过2万亿美元，是韩国储藏量的24倍。朝鲜已探明的矿产资源中有2/3左右具有经济开发价值，其中最具有代表性的是铜矿、金矿、石墨、铁矿以及发展核能所不可或缺的铀矿等。此外，朝鲜的森林资源、水利资源、水产资源也极为丰富。

其次，朝鲜的人力资源基础相对比较稳固。由于朝鲜高度重视教育并实行免费的全民教育制度，即使在经济十分困难时期，朝鲜也尽力保障教育和医疗以保障其人力资源。与此同时，朝鲜的劳动力成本偏低，使朝鲜在全球化的分工中具备较强的劳动力竞争优势。

最后，近年来，朝鲜在航天、核导技术、计算机网络技术、无人机等高科领域也取得了不俗的成绩，既体现了朝鲜较强的社会凝聚力，也显示出朝鲜经济复兴和发展的潜力。

3.1.1.3 朝鲜对外经济关系发展评价

一是对外经济关系总体评价。

2014年，朝鲜最高人民会议常任委员会宣布将负责朝鲜对外贸易的贸易省、专管吸引外资的合营投资委员会以及主管经济特区开发工作的国家经济开发委员会合并，组成"对外经济省"，这体现了朝鲜加强对外经济合作的决心。

金正恩曾在劳动党中央委员会全体会议上强调"要实现对外贸易的多边化、多样化"。近年来，朝鲜外长也在东亚合作系列外长会（2014）上与中国外交部部长王毅就双边关系以及共同关

---

① http：//app. myzaker. com/news/article. php？pk＝5b2609735d8b5439411e0e2c.

心的问题深入交换了意见；2015年，朝鲜外务相李洙墉对蒙古国进行正式访问时提出朝鲜与蒙古国人民在最困难时期曾建立历史性友好关系，并表示愿依靠政治友好关系进一步发展经济合作关系，在联合国、不结盟运动的框架内相互支持，进一步扩展外交部间的合作关系。随后几年，朝鲜经济代表团相继访问中国、俄罗斯、叙利亚及非洲部分国家，并与其中一些国家签署加强资源开发和信息技术合作的协议。此外，朝鲜政府已经与亚洲、非洲、欧洲等地区的28个国家签订了双边投资奖励及保护协定，与12个国家签订了双重课税防止协定，为相关国家的投资者对朝鲜投资创造了有利的条件。①

朝鲜社会科学院经济研究所所长金哲较为全面地分析了朝鲜经济开发区的设立、布局、运行、原则与影响，并进一步论述了产业革命与朝鲜建设经济强国的关系。他认为，朝鲜对外经济合作的开展有助于朝鲜经济的建设和发展，也将推动朝鲜进一步参与东北亚地区的经济协作，并在经济合作中发挥更加重要的作用。② 此外，一些朝鲜经济学家通过研究朝鲜经济开发区以及外商投资政策，认为朝鲜对外经济合作不仅是朝鲜经济客观发展的现实，而且涉及朝鲜对外经济合作自身的正规化、法制化进程。

二是朝鲜与中国经贸关系评价。

随着朝鲜最高领导人金正恩的四次访华，朝中两国在经济领域的合作迹象已露出端倪。金正恩委员长第三次访华时，先后参观了中国农业科学院和北京市轨道交通指挥中心。后

---

① 金明哲，权哲男．试论朝鲜对外经济关系现状及其发展策略［J］．东疆学刊，2015，32（3）：73 – 78.

② 任立冉．朝鲜对外经济合作研究［D］．长春：吉林大学，2018.

来，他又视察了位于中朝边境地区的新义州化妆品厂，明显流露出加强与中国经济合作的意愿。据悉，朝鲜化妆品目前深受中国游客欢迎，新义州化妆品厂生产的"春香"牌护肤品也在网上热卖。

3.1.2 国际上对朝鲜经济形势的评价

3.1.2.1 国民经济总体形势评价

朝鲜经济自 1988 年以来经历了长达近 30 年的经济疲软，其间经历了长达 12 年的连续负增长，经济基础几近崩溃。据韩国官方数据，2011—2014 年连续 4 年取得 1% 左右的年均增长，2016 年经济增长率达到 3.9%。但由于基础薄弱和长期严格的国际制裁，经济稳健复苏的形势仍十分严峻。[①]

关于朝鲜的外汇储备，其重要的外汇来源之一为国际援助。21 世纪初，国际社会对朝鲜提供了近 3 亿美元的人道主义援助，截至 2014 年底缩至不足 3000 万美元。目前，朝鲜正遭受联合国及美国等因其执意推进核武器和洲际导弹项目而施加的多重严厉制裁，国际社会对朝鲜的援助规模处于极低水平。朝鲜对中国出口是其获取外汇的另一重要手段。然而，受国际制裁影响，在对朝制裁实施 9 个月（2016 年 3～11 月）期间，朝鲜对中国出口和外汇收入双双减少，出现了 2 亿美元的外汇损失。[②]

自 20 世纪 90 年代起，朝鲜粮食年产量一直介于 240 万～350 万吨，而其每年的粮食需求量为 550 万～600 万吨，因此面临严

---

① 盘古智库. 朝鲜经济的现状、趋势、存在的主要问题以及应对思路［R］. 盘古智库东北亚研究中心，2018.

② 引自韩国国家情报院下属的国家安保战略研究院发布的"联合国安理会第 2270 号决议执行效果评估"。

峻的粮食短缺问题。尽管 2014 年起，朝鲜的粮食需求量缺口有所减小，但粮食问题一直是困扰朝鲜经济的重要问题。

3.1.2.2　朝鲜经济发展形势评价

张慧智通过对朝鲜的经济发展方式进行研究，认为在不触及朝鲜现有体制的前提下，朝鲜经济发展将通过不断提高科技发展水平、改善产业结构、扩大对外经济合作、加强体制外改革、建立新的经济发展体系等方式探索实现"强盛大国"战略目标的路径和方式。[1] 张慧智指出了研究朝鲜经济需要注意的三大原则，即"自主道路：依靠自己的力量建设强盛国家""先军道路：高度重视以核为代表的军事力量建设"和"社会主义道路：坚持以集体主义为核心的社会主义制度"，以便从更为宏观的国家战略、国家治理层面理解朝鲜对外经济合作的现实与趋势。[2]

3.1.2.3　朝鲜对外经济关系发展的评价

首先，关于对外贸易发展，韩国 IBK 经济研究所首席研究员曹奉铉认为，朝鲜将原贸易省、合营投资委员会和国家经济开发委员会合并成对外经济省的目的是减少合并前三个部门的重复业务和职责，提高其决策和执行的效率，并加快经济开放的步伐。韩国东国大学教授金龙铉表示，此次设立对外经济省体现了金正恩通过一系列内阁人事调整，构筑起内阁新经济领导层，从而进一步巩固内阁在经济领域的管辖权，以出台更多刺激经济的政策，使朝鲜经济真正走上一条健康的发展道路。

金正恩执政以来，一直强调经济建设要"以改善人民生活水平为核心"，采取"走出去"和"引进来"的经济发展模式。

---

① 张慧智. 朝鲜经济发展方式探析 [J]. 东北亚论坛，2011（6）.
② 任立冉. 朝鲜对外经济合作研究 [D]. 长春：吉林大学，2018.

2013 年 11 月，朝鲜在各道及新义州相继设立 13 个经济开发区，这使沉寂了一段时间的中朝旅游业再次活跃起来，并进一步扩大了朝鲜与俄罗斯的贸易合作。韩国《时事周刊》发表观点称，朝鲜的种种改革措施体现了其日益"灵活和开放"的对外合作方式。①

韩国政府官员和经济专家也作出分析，认为朝鲜国内经济状况日渐好转，使朝鲜对外界的依赖程度逐步降低，这也是金正恩敢于倡导加强对外经济合作的关键原因和决心所在。

韩国与朝鲜两国经济合作对朝鲜半岛繁荣和稳定起着重要作用。2018 年 7 月，韩国统一部长官赵明均表示，在该年秋季举行的韩朝峰会将要努力推动朝鲜半岛全面进入和平与繁荣阶段。一些分析认为，韩国在暗示对朝制裁将在一定程度上松绑，从而为双方经济合作创造条件。②

其次，关于朝鲜对外经济合作，林今淑、金美花借助韩国的相关数据对 21 世纪以来朝鲜对外贸易的变化历程、对外贸易规模、结构和赤字等进行了分析，认为金正恩提出的"多元化与多样化"对外贸易将促进朝鲜对外贸易的发展。③ 权哲男分析指出，朝鲜经济发展的一个基本特征是对外依赖性强。由于缺乏出口导向型经济发展战略和积极的改革开放等明确政策，朝鲜的对外经济发展受制于其单一出口商品结构以及国际社会的经济制裁，朝鲜政府促进涉外经济发展措施的效果十分有限。④

最后是关于朝鲜与中国经贸关系的评价。2018 年 7 月，朝鲜

---

① http：//ifengweekly. com/detil. php？id＝689.

② https：//military. china. com/important/11132797/20180703/32622751 ＿1. html.

③ 林今淑，金美花. 金正恩执政后朝鲜对外贸易及其政策变化［J］. 延边大学学报，2015（6）.

④ 权哲男. 朝鲜经济发展特征及其前景［J］. 延边大学学报，2017（6）.

对外经济省副相具本泰对中国的访问，被韩联社认为是朝鲜开始谋求与中国在经济上的合作，甚至引起不少韩媒质疑中国"给对朝制裁松绑"。鉴于朝中最高领导人相继举行会晤，相关报道还预测朝中双方将开展人文、经济等多个领域的交流与合作。《京乡新闻》评论称，自金正恩第三次访华后，朝中两国在经济领域的合作已经初现迹象。朝鲜和中国有可能在旅游业、公路和铁路建设等联合国安理会制裁范围以外的领域，依照两国的关系发展而作出相应的调整。

3.2　对朝鲜经济政策的评价

2011 年以来，朝鲜采取了一系列"经济管理改善措施"，旨在"集中一切力量建设社会主义经济"，在工业、农业、商业和服务业等领域取得了很多新的进展，在一定程度上形成了推动其经济发展的内生性动力，因而得以在国际上严厉的制裁下实现经济增长。

3.2.1　扩大发展农业的经济政策

金正恩执政以来十分重视农业的发展，将农业视为经济建设和人民生活的生命线，并将增加粮食生产视为朝鲜经济繁荣的重中之重。为大力发展农业，朝鲜政府制定了相应的政策并实施了一系列工程，鼓励农场不受条条框框的体制和规定限制，依据自身实际情况探索新的农业管理方法；此外，还开展了一系列鼓励农业发展的工程，包括增加化肥的产量、扩建温室塑料薄膜生产线以及在全国的农村兴建温室大棚等。

2016 年，虽然韩国受到旱灾影响，但是由于政府在广大农村积极推行了"圃田担当制"等一系列改革措施，仍最大限度地减轻了损害，粮食年产量维持在 500 万吨左右，降低了粮食产量与需求之间长期以来的巨大差异。目前，农业在朝鲜 GDP 中所占比重达到 22%。

3.2.2 发展轻工业的经济政策

金正恩执政后，为了改善朝鲜人民的物质文化生活水平，提出削减国民经济中耗资大、收效低的重工业比重，提升投入低、收效快的轻工业在国民经济中的比重，把资金用于发展食品、服装业等为代表的轻工业，希望能够实现贸易多元化，从而扭转轻工业产品依靠进口的局面。

受上述政策影响，2013—2017 年，朝鲜矿产品出口的年均增长率为 - 18%；2017 年，朝鲜矿产品的出口额为 4.35 亿美元，占其出口贸易总额的 22.4%，较上年减少了 65%。

与此同时，食品和轻工业产品的出口实现了大幅增长。2016—2017 年，食品类商品中，可食用蔬菜的出口增长率达 105%，蔬菜、水果制备品①出口年增长率为 465%，糖和糖果类出口增长率为 165%，咖啡、茶、香料类出口增长率达 186%。轻工业类商品中，羽毛、羽绒及其制成品出口年增长率达 262%，鞋类制品出口增长率达 117%，钟表及零部件出口增长率达 546%。②

3.2.3 建立新型经济管理体系

2016 年 5 月，朝鲜劳动党第七次全国代表大会明确了经济上

---

① Preparations of vegetables, fruit, nuts or other parts of plants.
② https：//www. trademap. org/Product _ SelProductCountry. aspx? nvpm = 1% 7c408% 7c% 7c% 7c% 7cTOTAL% 7c% 7c% 7c2% 7c1% 7c2% 7c2% 7c1% 7c1% 7c1% 7c1% 7c1.

的内阁责任制和企业责任管理制，以期为提高国家对经济工作的管理效率、增强企业活力、扩大生产、落实 2016—2020 年国家经济发展五年战略提供政策保障和支持，为朝鲜经济发展创造有利条件。

自正式实施新型经济管理体系以来，朝鲜日益认识到这种体系在调动生产者的积极性、促进经济发展的同时，也在其他领域取得了较为丰硕的成果。因此，可以预见朝鲜在未来一段时间，将继续以这种新型的经济管理体系为其国内经济政策的核心，并通过不断完善"圃田担当制"以及扩大企业的自主权等一系列措施，实现其在经济上的更大发展。

3.2.4 探索金融体系改革政策

为了应对金融发展态势的变化，解决恶性通货膨胀、地下金融扩张、非法金融机构设立等问题，朝鲜政府采取了一系列鼓励和抑制相结合的金融体系改革措施，以规范本国货币市场，增强朝鲜民众对本国货币的信心。

金融体系改革的主要鼓励措施包括以高达 7%～9% 的利率，吸引海外的朝鲜工作人员及其家属使用外汇定期存款业务；放宽外汇交易管制，允许平民进行外汇交易；鼓励在外汇兑换的商铺中使用政府指定的高丽银行卡等外汇卡；提供在货币兑换上的优惠服务。

抑制型的改革措施则主要包括恢复国家金融机关的相关运转功能，同时限制私人金融领域的发展；通过由朝鲜的中央银行来发行银行卡等业务加强民众对本国货币的信心，遏制朝鲜经济中"外币驱逐本币"的趋势。

3.2.5 多元化对外经济合作政策

冷战后，朝鲜即逐步探寻多元化的对外经济合作政策。

为了实现多元化对外贸易发展目标，朝鲜政府积极采取相关措施，鼓励其国民经济各部门建立与其他企业之间的贸易联系，从而发展对外贸易，并旨在通过全球贸易，为朝鲜经济的发展寻求相应的自然资源、资金、技术等。近年来，朝鲜与其他国家的贸易往来日益频繁，中国、俄罗斯、韩国、印度、德国、新加坡、澳大利亚等国家均已成为其主要贸易伙伴，出口的商品涉及矿产品、纤维类制品、化学制品、塑料制品、机械电子制品等多个类目。其中，朝鲜与中国和韩国之间的贸易成为朝鲜对外贸易中最为重要的组成部分。

2013 年，多元化对外贸易政策和多样化改革措施的实施，推动了朝鲜在多地开设旅游特区，并鼓励朝鲜各道结合其自身的特点成立经济开发区。经济开发区既包括工业、农业、旅游业、加工出口区等经济领域的开发区，也包括高新技术开发区等技术领域的开发区。同年 5 月，朝鲜进一步提出以"正确树立经济开发区成立、开发和管理方面的制度和秩序，发展对外经济合作与交流"等为主旨的经济开发区法，为发展国家经济、改善人民生活作出贡献。经济开发区法鼓励外国法人、个人和经济组织、海外朝鲜人士对基础设施、高新科技、生产有估计竞争力产品领域的投资，并设立企业、分支机构和办事处等，自由进行经济活动。国家会向投资者在土地使用、劳力雇佣和税金缴纳等方面提供优惠的条件。随着 2017 年底江南经济开发区在首都平壤的设立，朝鲜共设立了涵盖工业、农业、旅游业、出口加工、高新技术等不同行业的 22 个经济开发区。

3.3 朝鲜经济存在的主要问题

3.3.1 自主经济发展困难重重

如上文所述，朝鲜为了促进本国经济发展和提高人民生活水平，采取了一系列经济政策刺激经济增长，但囿于其资源禀赋条件以及国内市场驱动力乏力等因素，只能在计划经济的基础上有限地推进市场开放。长期以来困扰朝鲜的粮食、能源、交通和外汇等难题，使朝鲜必须通过新建经济开发区、对外劳务派遣、扩大对外贸易规模等措施来吸引外商投资、换取外汇。

此外，朝鲜核武器建设激化了地缘政治矛盾，使其面对的国际社会经济制裁日益加剧，成为一座"国际孤岛"，对外贸易一度陷入停顿，不得不依靠人道援助来维持国家的运行。

3.3.2 开发区对朝鲜经济的带动作用低于预期

朝鲜设立的开发区在一定时期内起到了拉动经济增长、提振国际信心的作用，但由于安全、诚信、腐败等多种不稳定因素的存在，开发区对经济的带动和示范效应较差。

经济开发区法的出台体现了朝鲜对外开发的决心，但是其开放程度仍然有限，单一地引进国外资本和技术，对外国的政治、经济体制、思想观念、生活方式充满防备与抵触，对于国内经济的带动作用非常有限。

此外，开发区的发展受到朝鲜本国经济体制和相关政策以及基础设施落后等要素的限制，发展非常缓慢。开发区数量、种类繁多，位置分散，功能重合度高，合理的战略规划和管理缺乏，难以产生产业集聚效应。

3.3.3 产业结构和贸易结构失衡

如前文所述，金正恩执政后推行了一系列经济改革，减少对重化工业、水利发电站等耗资大、收效低部门的投资，增加对农业、轻工业和商业等领域的投资，取得了一定的成效，经济总量有了明显的提升。

根据韩国银行的统计，2017 年朝鲜 GDP 构成中，政府支出占经济总量的 23.2%；农林渔业占 22.8%；制造业占 20.1%，其中重工业占 13.3%，轻工业占 6.8%；采矿业占 11.7%。除了政府支出和服务业中的金融、保险和房地产业分别实现了 0.8% 和 1.5% 的增长之外，其余部门均为负增长。农林渔业和制造业为朝鲜经济发展的支柱产业；政府支出也成为 GDP 的主要贡献力量之一；轻工业、建筑业、水电气业，以及批发、零售、交通、通信等其他与民生相关的产业则增长乏力，产业结构存在较为严重的失衡现象。

朝鲜的国际贸易失衡现象明显。从朝鲜的进出口贸易总额看，主要体现在贸易产品结构和贸易对象结构两个方面。2017 年，朝鲜货物出口贸易额为 18.5 亿美元，进口贸易额为 39.3 亿美元，贸易逆差为 20.8 亿美元。从朝鲜贸易的商品种类上看，朝鲜出口商品的种类比较集中，服装及装饰类商品、矿产品、矿砂和鱼类水产品出口额占全部出口的 66.2%；朝鲜进口产品主要集中在电气设备和零部件、塑料和塑料制品、人造纤维以及机动车等必要的原材料和机械设备。

此外，朝鲜的贸易对象也过于集中。相关统计显示，2017 年朝鲜 92.5% 的对外贸易发生在与中国的贸易中，且已经连续 4 年保持在90%以上。中国是朝鲜最大的贸易伙伴，而朝鲜的第二大贸易伙伴为俄罗斯。对中国的贸易依赖程度过高已经成为朝鲜对外贸易中一个比较严重的问题。①

———————————

① 引自2018年朝鲜经济课题报告全文：《朝鲜经济的现状、趋势、存在的主要问题以及应对思路》。

4 朝鲜经济发展展望

4.1 GDP

联合国贸发会议（UNCTAD）数据显示，2017 年朝鲜 GDP 为 173.65 亿美元，年增长率为 -3.48%。韩国银行（Bank of Korea）2018 年 7 月发布的预测与 UNCTAD 基本一致，2017 年朝鲜实际 GDP 年增长率较上年降低了 3.5%，为 1997 年（-6.5%）以来最低水平。其中，矿业、制造业和水电气行业都转向了负增长。

表 2 　　　　　　　　　**朝鲜 GDP 年增长率** 　　　　　　单位：%

年份	1990	1995	2000	2005	2010	2011	2012	2013	2014	2015	2016	2017
GDP 年增长率	-4.3	-4.4	0.4	3.8	-0.5	0.8	1.3	1.1	1.0	-1.1	3.9	-3.5

数据来源："Gross Domestic Product Estimates for North Korea in 2017"，https://www.bok.or.kr/eng/bbs/E0000634/view.do? nttId = 10046123&menuNo = 400076&pageIndex = 11.

韩国银行的预测统计显示，2017 年朝鲜农林渔部门受农业和渔业部门下跌的影响，产量下降了 1.3%；矿产品产量受煤矿业下降走势的影响，减少了 11%；制造业产量也受重工业和化工业下降 10.4% 的影响，萎缩了 6.9%；轻工业产品受食品行业上升趋势的影响，增长了 0.1%；受居民楼建筑项目减少的影响，建筑行业下降了 4.4%；由于政府行政管理的扩张，服务部门增长了 0.5% 。

日本共同社 2018 年 10 月 12 日报道，朝鲜智库、社会科学院经济研究所教授李基成在接受其访问时表示，2017 年朝鲜的 GDP 为 307.04 亿美元，较上年增长约 3.7% ，人均 GDP 为 1214 美元。但是，因为缺乏相应的统计数据和物价上涨率数据，数据可信程度仍有待验证。李基成解释称，受禁止出口煤炭的影响，朝鲜外汇收入较低。为应对经济制裁，朝鲜实施了最大限度节约原油的政策，虽然仍然面临粮食短缺问题，但在制铁等重工业、轻工业和化学工业方面取得了一定的成果，未来电力行业的情况也将有所改善。

结合前文对朝鲜经济发展现状的分析和评价，本报告认为由于 2017 年朝鲜受到国际上的制裁，其原有的支柱产业如采矿业、煤炭出口、重化工业等受到了很大的影响，对 GDP 的贡献率出现了不同幅度的下跌，同时也造成出口大幅减少，贸易逆差增加；另外，经济开发区的带动和辐射效应尚未形成，虽然从增长率上看形成了较大幅度的增长，但由于其原有基础比较薄弱，尚未形成对 GDP 的足够推动力。此外，几次核试验耗费了大量的物资，使政府支出成为 GDP 最大的贡献者，经济结构失衡严重。然而，随着朝鲜政府停止核试验和朝鲜对外开放信号的释放，国际上的制裁力度有所放松，朝鲜与韩国、美国等国家的关系有所缓和，加之其与中国之间的频繁贸易往来，预计未来不会再轻易出现 2017 年这种低增长的情况。

4.2　人口和失业率

根据 UNCTAD 的预测，朝鲜的人口增长率呈逐年下降的趋势，且从 2041 年起将呈现负增长的趋势（见表 3）。

表 3　　　　　朝鲜人口年均增长率（2016—2050 年）　　　单位:%

年份	增长率	年份	增长率	年份	增长率	年份	增长率	年份	增长率
2016	49.28	2023	39.12	2030	24.87	2037	6.80	2044	-6.68
2017	48.11	2024	37.42	2031	22.22	2038	4.46	2045	-8.11
2018	46.85	2025	35.67	2032	19.58	2039	2.31	2046	-9.44
2019	45.48	2026	33.87	2033	16.96	2040	0.31	2047	-10.69
2020	44.00	2027	31.98	2034	14.36	2041	-1.59	2048	-11.86
2021	42.44	2028	29.86	2035	11.81	2042	-3.42	2049	-12.97
2022	40.80	2029	27.46	2036	9.28	2043	-5.12	2050	-14.02

数据来源：国际劳工组织。

国际劳工组织发布了《世界就业和社会展望：2018 趋势》旗舰报告，报告数据显示，2017 年全球失业人数达 1.92 亿人，相较 2016 年增长了 260 万人，年增长率达 5.6%。据预测，2018 年全球失业率将与 2017 年持平。国际劳工组织则预测，2019 年全球失业人数将达 1.93 亿人。与其他地区相比，亚太地区的失业率将保持在较低水平。但是，朝鲜由于受到其他国家劳务输入的限制以及劳务合同相继终止的影响，失业率有可能会出现一定程度的上升。

4.3　财政和金融

前文提到，朝鲜存在恶性通货膨胀、地下金融扩张、非法金融机构设立等金融问题，预计未来朝鲜将进一步修复并改革本国的财政金融体系，重点发展资本市场，进而重返国际金融市场。

4.4　对外贸易与投资

国际社会对朝鲜制裁力度的不断加大，直接导致朝鲜对外经济的萎缩，使其主要的进出口产品均遭受严重打击。据统计，2017年10月1日至2017年12月31日，联合国各成员国对朝鲜出口的精炼石油产品不超过50万桶。

中国作为朝鲜最大的对外贸易伙伴，也十分坚决地执行联合国对朝鲜制裁的决议。在朝中进出口双向受限的情况下，朝鲜的对外贸易必然受到严重冲击。

由于朝鲜需要通过进口来维持本国的生产和生活需求，同时朝鲜在外务工人员也是其获取外汇的主要渠道，因此，如果国际社会减少对朝鲜商品的进口以及减少对朝鲜劳工的使用，朝鲜外汇收入将大幅下降，进而使其进口减少，从而影响其国内的生产活动。

国际社会不断压缩朝鲜产品的出口，许多国家也在驱逐朝鲜劳工，这将导致朝鲜外汇的大幅缩减，并进一步影响朝鲜进口其生产所必需的原材料和零部件，从而使朝鲜国内企业的开工率进一步下降。

此外，国际制裁将动摇其他国家和地区对朝鲜投资的信心，阻碍朝鲜经济开发区的发展和朝鲜的对外交流与合作，进而对朝鲜的国有经济和市场经济造成直接冲击，甚至还将影响到就业、物价等，导致经济增长的下滑。若要实现经济的可持续发展，避免经济的进一步下滑，朝鲜政府须稳定就业和物价，积极、妥善地解决核问题，改善国际关系，改革经济发展战略，坚定推动改革开放，以避免陷入孤立发展的僵局。

预计未来，朝鲜将扩大劳动密集型产品出口以尽量多地换取外汇。中韩等国中低端制造业的一部分，也将向朝鲜转移。朝鲜将进一步完善贸易、投资，在产业园区等方面制定一系列鼓励政策。

4.5 中朝经济合作展望

作为朝鲜最大的贸易对象，中朝之间的经济合作不仅对朝鲜意义重大，对于中国尤其是东北边境城市而言也具有重要影响。未来中朝经济合作重点可体现在以下几个方面：

一是农业合作。朝鲜农业发展相对比较落后，由于粮食产量很低，解决人民温饱成为关乎国家稳定的关键问题。反观传统农业大国中国，则在农业生产、农产品加工、农业科学技术发展等方面具备成熟的经验。未来，中国与朝鲜将在农业领域积极开展经贸合作，以实现两国的互利共赢。

二是金融领域合作。中国可以以其改革开放的经验，帮助朝鲜完善其金融领域的管理，为其加强金融监管、改革银行业、发展保险市场、建设证券市场等提供经验建议。

三是推进开发区建设。由于中国和朝鲜的国情不尽相同，朝鲜完全照搬中国在引进外资和开发区建设等方面的经验并不现实，但由于两国之间的长久关系，未来中国和朝鲜可以共同推进开发和建设经济特区，鼓励中国的企业入驻朝鲜的开发区、工业园区和经济特区等，使两国共同受益。

四是发挥中朝边境口岸的作用。随着中朝双边贸易和投资活动的推进，中国的丹东、珲春等边境口岸将承担更多的货运量，从而推动中朝边境地区成为东北亚重要的物流周转中心。

分报告六

2018 年中国东北三省经济发展报告

1 东北三省经济在中国经济中的地位

1.1 地区生产总值

东北三省地区生产总值为 54256.45 亿元（其中，辽宁省43.15%，吉林省占 27.54%，黑龙江省占 29.31%），占全国①的6.6%。辽宁省排在第 14 位，吉林省排在第 23 位，黑龙江省排在第 21 位。

2017 年东北经济出现回暖迹象，辽宁省、黑龙江省地区生产总值增速均有所回升，特别是辽宁省地区生产总值增速由负转正。但是，值得注意的是，2017 年仅黑龙江省完成地区生产总值增长目标，吉林省同黑龙江省经济差距拉大。2017 年东北三省地区生产总值增速均低于全国平均水平，尤其是辽宁省，低于全国平均水平 2.7 个百分点。值得注意的是，东北三省中仅黑龙江省完成了 2017 年地区生产总值增长目标。

1.2 人口、就业和收入

东北三省人口为 1.0875 亿人（其中，辽宁省占 40.17%，吉林省占 23.98%，黑龙江省占 35.85%），占全国的 7.82%。辽宁省人口排在第 14 位，吉林省排在第 21 位，黑龙江省排在第 17 位。

---

① 本篇报告中，全国情况的统计，排名不含港澳台，下同。

　　东北人口流出一直是不争的事实，2016 年国家发展改革委新闻发言人称，过去五年东北三省人口净迁出约 24 万人。2017 年东北三省常住人口均有所减少。其中，吉林省人口减少最多，全年总人口为 2717.43 万人，比上年净减少 15.6 万人。黑龙江省与吉林省"同病相怜"，常住人口 3788.7 万人，比上年减少 10.5 万人。相比之下，辽宁省人口情况较好，常住人口 4368.9 万人，比上年减少 8.9 万人。但是，值得注意的是，与上年相比，辽宁省人口流失加速，2016 年人口流失仅 4.6 万人；相反，吉林省虽然人口流失总量最多，但与上年相比，人口流失情况有所缓解。东北三省老龄化非常严重，2017 年 65 周岁及以上人口占比超过 12%。其中，辽宁省老龄化最为严重，65 周岁及以上人口达 626.8 万人，占14.35%。吉林省、黑龙江省的这一比例分别为 12.38%、12%。

　　东北三省失业率为 3.85%（其中，辽宁省为 3.8%，吉林省为 3.5%，黑龙江省为 4.2%），比全国平均水平低 0.05 个百分点。辽宁省失业率排在第 25 位，吉林省排在第 23 位，黑龙江省排在第 31 位。

　　东北三省年人均收入为 23909.84 元（其中，辽宁省为27835.44 元，吉林省为 21368.32 元，黑龙江省为 21205.79 元），比全国平均水平低 2064.16 元。辽宁省年人均收入排在第 8 位，吉林省排在第 18 位，黑龙江省排在第 19 位。

1.3　土地

　　东北三省土地面积达 78.78 万平方公里（其中，辽宁省占18.52%，吉林省占 23.75%，黑龙江省占 57.73%），占全国的8.2%。辽宁省土地面积排在第 21 位，吉林省排在第 13 位，黑龙江省排在第 6 位。东北三省地形以平原、山地为主。长白山、大兴安岭、小兴安岭是东北生态系统的重要天然屏障；三江平原、松嫩平原、辽河平原土壤肥沃，土层深厚；松花江、东辽河、西辽河、鸭绿江等主要河流发源于这里，具有巨大的经济价值和生态价值。东北三省物质富饶，是我国重要的木材、矿产生产基地，蕴藏着丰富的野生动植物资源。林业用地面积达3875万公顷，占全国的14.7%；森林覆盖率达39.6%，远远高出全国森林覆盖率16.55%的水平。油母页岩、铁、硼、菱镁石、金刚石、滑石、玉石、溶剂灰岩等矿产的储量均居中国首位，辽河油田是中国第三大油气田，石油、天然气储量分别占中国的15%和10%。东北虎、紫貂、丹顶鹤、梅花鹿、大马哈鱼、黑熊、飞龙、猴头、人参、黄芪、松耳等驰名中外。东北是全国生产石油最多的地区，主要油田有大庆、吉林、辽河。大庆油田是我国最大的原油供应基地。著名的大煤矿有抚顺、鸡西、鹤岗。闻名全国的铁矿有辽宁省的鞍山和本溪。

1.4 进出口贸易总额

东北三省进出口贸易总额为1370.89亿美元（其中，辽宁省占72.65%，吉林省占13.53%，黑龙江省占13.82%），占全国的3.3%。辽宁省进出口贸易总额排在第9位，吉林省排在第23位，黑龙江省排在第22位。2017年，辽宁省、吉林省、黑龙江省进出口总额分别达到6739亿元、1255亿元和1272亿元，分别同比增长18%、3%和16.3%，与上年相比分别同比增加22.1个、-0.8个和32.4个百分点。

1.5 投资与消费

东北三省固定资产投资增长2.8%（其中，辽宁省增长

0.1%，吉林省增长 1.4%，黑龙江省增长 6.2%），比全国平均水平低 3.2 个百分点。辽宁省固定资产投资排在第 25 位，吉林省排在第 18 位，黑龙江省排在第 21 位。辽宁省、吉林省和黑龙江省的固定资产投资额与上年相比分别增加 63.6 个、-8.7 个和 0.7 个百分点。其中，辽宁省结束了连续 31 个月的负增长。

东北三省人均居民消费增长 5.3%（其中，辽宁省增长 3.1%，吉林省增长 5.8%，黑龙江省增长 7.8%），比全国平均水平低 1.4 个百分点。辽宁省人均居民消费排在第 8 位，吉林省排在第 16 位，黑龙江省排在第 17 位。

2 东北三省经济发展形势

2.1 地区生产总值

2017 年东北三省地区生产总值增长 3.4%（其中，辽宁省增长 5.0%，吉林省增长 1.1%，黑龙江省增长 3.2%），比上年提高 13.7 个百分点。东北三省固定资产投资增长 2.8%，固定资产投资对地区生产总值的贡献度为 56.4%。辽宁省固定资产投资排在第 25 位，吉林省排在第 18 位，黑龙江省排在第 21 位。

2017 年，东北经济出现回暖迹象，东北三省全社会固定资产投资大幅下滑趋势得到遏制，投资对经济发展的带动作用更加明显。

东北三省人均居民消费增长 5.3%，辽宁、吉林、黑龙江三省人均居民消费增长率与上年相比分别增加 -12.3%、-1.5% 和 0.05%。

2017 年，东北三省的人均消费状况不容乐观，几乎都较上年有所下降。消费带动经济增长的现象在东北三省并没有得到实现，消费对经济发展的贡献度低也是抑制东北三省经济增长的一个非常重要的原因。

2.2 CPI

2017 年东北三省 CPI 为 101.4（其中，辽宁省为 101.4，吉林省为 101.6，黑龙江省为 101.3），比上年提高 -0.13 个百分点。2017 年东北三省 PPI 为 106.8（其中，辽宁省为 108.1，吉林省为 103.1，黑龙江省为 109.3），比上年提高 9.6 个百分点。

2017 年，在全国 31 个省（自治区、直辖市）中，辽宁省 CPI 上涨 1.4%，吉林省 CPI 上涨 1.6%，黑龙江省 CPI 上涨 1.3%。2017 年东北三省的 CPI 运行发生结构性变化，呈现出食品价格走弱、非食品价格走强的特征，医疗保健、教育文化和娱乐价格成为推动 CPI 上涨的主要动力。其中，前些年一直领涨 CPI 的食品价格，2017 年转为拉低 CPI。农产品市场供给总体充裕，猪肉价格进入下行周期。另一方面，非食品价格成为推升 CPI 的主要因素。除了医疗保健类价格上涨推升 CPI 外，随着居民消费观念的转变，文化、体育、休闲娱乐和旅游等新型消费业态在居民消费中所占比例越来越高，需求增加带动价格上涨。2017 年，东北三省的 CPI 基本稳定，物价水平没有明显上升。但是，生产物价指数较上年大幅提高，这与全国的生产物价指数上升有密切的联系。

2.3 就业与收入

2017 年东北三省的失业率为 3.85%，年人均收入增长 6.9%（其中，辽宁省增长 6.9%，吉林省增长 7%，黑龙江省增长 6.9%），比上年提高 0.5 个百分点，较全国平均名义人均收入增长率低 2.1 个百分点。

2.4 对外贸易与投资

2017 年东北三省进出口贸易额增长 11.3%（其中，辽宁省增长 13.1%，吉林省增长 0.5%，黑龙江省增长 12.7%），比上年提高 23.1 个百分点。

3 对东北三省经济发展的评价

东北三省是中国的老工业基地，受旧体制的影响较大。伴随着改革开放的深入，东北三省逐步实施了振兴计划。

东北三省 2017 年总体发展的情况如下：

2017 年，东北三省的经济状况总体转好，其中表现最明显的是三省的工业发展状况有所改善。2017 年，辽宁省规模以上的工业增速为 4.4%，高于 2016 年 – 15.2% 的增速。黑龙江省规模以上的工业增速为 2.7%，高于其上年 2% 的增速。吉林省规模以上的工业增速为 5.5%，相对于 2016 年 6.3% 的增速，也基本保持了整体的稳定性。

在 2018 年的辽宁省人民代表大会中，辽宁省人大代表对 2017 年辽宁省经济发展状况进行了客观的评价，认为经过不懈的努力，辽宁省经济形势正在转好，具体表现在三个方面：首先，政治生态逐步净化；其次，营商环境逐步改善；最后，干部作风逐步转变。辽宁省在 2017 年所取得的成绩来之不易，这是辽宁省加快振兴发展的信心所在和希望所在。

2017 年，吉林省的经济发展状况有所改善。经过坚持不懈的努力，2017 年无论是工业、固定资产投资还是服务业，吉林省较上年都有了一定的发展，这是吉林省经济复兴的具体表现。

前几年，黑龙江省经济增速下降幅度比较大。经过近几年一系列经济复兴措施的实施，目前经济有了一定的反弹。但是，黑龙江省还应该更多地发展市场经济，发挥市场经济的主体活力。

2017 年，东北三省在经济发展方面，不约而同地选择加快新的产业布局。由于东北三省是中国的老工业基地，其在发展布局上一直着重发展重工产业，有其历史发展原因。但是，近年来，东北三省意识到了自己在产业发展布局上的局限性，致力于发展新的产业，创建新的产业布局。2017 年，辽宁省、吉林省和黑龙江省对大数据、冰雪旅游、健康等产业规划了新的发展布局。

辽宁省在 2017 年提出了深入推进农业供给侧结构性改革的相关举措。着重推进"互联网 + 农业"，大力促进农业与旅游、文化、健康等产业的发展融合。同时，辽宁省加快发展其服务经济，组建了辽宁省健康产业、体育产业集团；深入开展营商环境建设年活动，大力实施"双招双引"工程，积极培育新的经济增长动力源。

2017 年，吉林省对优势产业实施发展提速工程。吉林省大力支持医药健康、装备制造、光电信息等产业的发展，同时加快长春装配式建筑产业园等建设，致力于打造一批具有创新能力的龙头企业。值得一提的是，吉林省在发展中着力培育提高工程，围绕大数据、云计算等高端技术，深化互联网与先进制造业的融合发展，大力建设工业互联网等相关技术产业，推动长春等地大数据产业的聚集发展，构建大数据产业链。

2017 年，黑龙江省提出了坚持产业项目建设、创新驱动、寻找新增长领域等相关举措，持续推动经济增长方式的转变。另外，黑龙江省大力推动体制改革与创新驱动相结合的"老字号"改造升级工程，以精深加工延长产业链，并且将发展战略性新兴产业与创新创业相结合，推进"新字号"产业的发展壮大。

吉林大学的杨东亮教授曾指出，东北三省经济在前几年挤水分比较厉害，但是随着水分的挤出，当下经济增速提升是正常的。伴随着中国经济形势的好转，东北三省未来的经济增速预计有所提升。2017年的相关数据也已经表明，东北三省目前已经摆脱了经济增速全国垫底的境况，这是东北三省经济发展的一个重要阶段。

2017年，东北三省致力于采取钢铁、煤炭去产能措施，由此改善了钢铁、煤炭产业供给的质量，提高了产品价格，企业效益大幅回升。黑色金属冶炼和钢铁产业的利润比上年增长1.8倍，煤炭开采和洗选业的利润比上年增长2.9倍。

向涛指出，东北三省发展新兴产业是一个较好的思路，但新兴产业的发展要将本省的传统、优势和未来的发展方向具体结合起来。著名经济学家林毅夫曾提出东北三省发展轻工业的建议。郭朝先也指出，东北三省需要发展一些轻工业。但是，东北三省当下的人力资源并不丰富，这是其在发展过程中面临的一个严重的问题。另外，国内轻工产业大多生产过剩，所以对于东北三省而言，需要一个积累和学习的过程。

4 东北三省经济发展展望

4.1 地区生产总值

2017 年，东北三省地区生产总值增长 3.4%，比上年提高 13.7 个百分点。具体而言，辽宁省的地区生产总值增速为 5.0%，吉林省的地区生产总值增速为 1.1%，黑龙江省的地区生产总值增速为 3.2%。东北三省经济有回暖的迹象，且东北三省出台了一系列有助于经济复苏的相关措施和方案，所以 2018 年东北三省地区生产总值增速应较 2017 年有所上升。

在地区生产总值的预测上，本报告依据 2000—2017 年东北三省的地区生产总值，以及影响地区生产总值的消费、固定资产投资与进出口数据等，建立线性回归方程进行预测。据预测，2018 年东北三省地区生产总值中，辽宁省、吉林省、黑龙江省的地区生产总值增速将分别达到 5.5%、4.5% 和 5% 左右。

4.2 CPI

2017 年，东北三省 CPI 为 101.4。根据 2017 年东北三省的经济发展水平及其 CPI、PPI 等数据，本报告预测 2018 年东北三省的消费物价指数将同比增长 2.5% 左右。

4.3 人口和失业率

人口的流失是东北三省近年来必须面对的一个严重的问题。

2017 年，东北三省常住人口均出现减少。本报告预测，2018 年东北三省依然会面临人口净流失的问题，人口流失较为严重的省份依然是吉林省和黑龙江省，辽宁省人口净流失状况较之前会有所缓解。

2017 年，东北三省失业率为 3.85%。本报告预测，2018 年东北三省的失业情况依然十分严峻，黑龙江省、辽宁省和吉林省的失业率全国排名依然会比较靠后，失业率水平都将保持在 4% 左右。

4.4 进出口贸易

2017 年，东北三省进出口贸易总额为 1370.89 亿美元。依据 2000—2017 年东北三省的进出口贸易数据，以及东北三省的经济发展状况，本报告预测 2018 年东北三省进出口贸易的增速为 15% 左右，将超过全国进出口贸易的增速。

参考文献

［1］世界银行数据库［DS］. https：//data. worldbank. org. cn/.

［2］OECD 数据库［DS］. https：//stats. oecd. org/.

［3］UNCTAD 数据库［DS］. https：//unctad. org/en/Pages/Statistics. aspx.

［4］国际劳工组织数据库［DS］. https：//www. ilo. org/global/lang—en/index. htm.

［5］万得数据库［DS］.

［6］博鳌亚洲论坛. 亚洲竞争力 2018 年度报告［R/OL］. (2018 – 03)［2018 – 10 – 18］. http：//www. boaoforum. org/yzjzl/37824. jhtml.

［7］中华人民共和国商务部. 中国对外投资合作发展报告 (2018)［R/OL］. (2018 – 09)［2018 – 11 – 01］. http：//www. mofcom. gov. cn/article/gzyb/.

［8］UNCTAD. 世界投资报告 (2018)［R/OL］. (2018 – 06)［2018 – 11 – 10］. https：//unctad. org/en/PublicationsLibrary/wir2018 _ en. pdf.

［9］中国人民银行货币政策分析小组. 2017 年第四季度中国货币政策执行报告［M］. 北京：中国金融出版社，2018.

［10］BLU PUTNAM, SAMANTHA AZZARELLO. 安倍经济学面临的挑战：日本增长有赖于可能难以实现的生产效益［R/OL］. (2017 – 10 – 08)［2017 – 11 – 20］. https：//www. cmegroup. com/

cn – s/trading/fx. html.

［11］SHOICHI MIZUSAWA ET AL. 日本经济将何去何从［R/OL］.（2017 – 11 – 17）［2018 – 01 – 23］. https：//am. jpmorgan. com/hk/en/asset – management/per.

［12］内阁官房. 日 EU·EPA 等の经済効果分析［R/OL］.（2017 – 12 – 21）［2017 – 12 – 30］. http：//www. maff. go. jp/j/kanbo/eu ＿ epa/index. html.

［13］野村茂治，竹内俊隆. 日米同盟論：歴史·機能·周边諸国の视点［M］. 京都：ミネルヴァ書房，2011：153 – 179.

［14］岩田规久男. 金融危机の経済学［M］. 东京：东洋経済新报社，2011：235 – 236.

［15］野口旭. 経済政策における知識の役割——思想·政策·成果［M］. 日本：ナカニシヤ出版，2007：59 – 91.

［16］吉川弘史. 安倍经济学的妄想［M］. 北京：机械工业出版社，2015：99.

［17］尾田未辉. 减少的劳动力——均衡失业率的低下［M］. 日本：三菱出版社，2015：1 – 7.

［18］中华人民共和国商务部. 中俄在俄罗斯远东地区合作发展规划（2018—2024 年）［R/OL］.（2018 – 11）［2018 – 11 – 07］. http：//images. mofcom. gov. cn/www/201811/20181115164728217. pdf.

［19］程伟. 俄罗斯 2017 年宏观经济形势分析［J］. 俄罗斯学刊，2018（1）.

［20］朱宇. 黑龙江蓝皮书：黑龙江经济发展报告（2017）［M］. 北京：社会科学文献出版社，2017.

［21］孙壮志. 俄罗斯发展报告（2018）［M］. 北京：社会科

学文献出版社，2018.

［22］朱宇，A. B. 奥斯特洛夫斯基，等．中国—俄罗斯经济合作发展报告（2018）［M］．北京：社会科学文献出版社，2018.

［23］俄罗斯银行数据库［DS］．https：//www. cbr. ru/.

［24］俄罗斯联邦统计局数据库［DS］．http：//www. gks. ru/.

［25］DELOITTE CIS RESEARCH CENTER. Business and Financial Climate in the Far Eastern Region［R/OL］．（2018 – 11）．https：//www. deloitte. com/ru/en/pages/research – center/articles/business – financial – climate – far – eastern – region. html.

［26］AL – MULALI, USAMA, CHE SAB, NORMEE, 2010. Oil Shocks and Kuwait?? s Dinar Exchange Rate：The Dutch Disease Effect［P］．MPRA Paper 26844, University Library of Munich, Germany.

［27］CHANGYOU SUN. Competition of wood products with different fiber transformation and import sources［J］．Forest Policy and Economics，2017，74.

［28］CHIH – HAI YANG, TOSHIYUKI MATSUURA, TADASHI ITO. R&D and Patenting Activities of Foreign Firms in China：The Case of Japan［J］．Japan & The World Economy，2018.

［29］DAVID ANDOLFATTO. Inflation Expectations and learning about monetary policy［R］．De Nederlandsche Bank Reports，October 2014.

［30］HIDETAKA YOSHIMATSU. Diplomatic Objectives in Trade Politics：The Development of the China – Japan – Korea FTA［J］．Asia – Pacific Review，2015，22（1）．

［31］HIDETAKA YOSHIMATSU. Japan's export of infrastructure

systems: Pursuing twin goals through developmental means [J]. The Pacific Review, 2017, 30 (4).

[32] HORIOKA, CHARLES YUJI, JUNMIN WAN, 2007. The determinants of household saving: A dynamic panel analysis [J]. Journal of Money, Credit, and Banking.

[33] HARADA, YUTAKA. Aging and Social Security in Japan [J]. The Tokyo Foundation, 2012 (12): 13 - 15.

[34] KOBAYASHI KEIICHIRO. Microeconomics, Macroeconomics, and Political Philosophy toward Economic Growth [EB/OL]. December, 2017, https://www.rieti.go.jp/en/projects/program2017/pg - 01/013.html.

[35] KOBAYASHI Keiichiro. Public Debt Overhang in the Heterogeneous Agent Model [EB/OL]. July 2014 14 - E - 044, https://www.rieti.go.jp/en/publications/summary/14070010.html.

[36] KooBon - Kwan. Abenomics, Finally a Solution to Revive Japan? [R]. SERI.

[37] LEE CHIEN C, CHANG CHUN P. Social Security Expenditures and Economic Growth [J]. Journal of Economic Studies, 2006, 33 (5): 386 - 404.

[38] NAOKI TABATA. Will Abenomics & Fed's Quantitative Easing Policies Deliver Global Economic Growth? [R]. RHJ International, 2013.

[39] SCHENKELBERG H, WATZKA. Real effects of quantitative easing at the zero - lower bound: Structural var - based evidence from Japan [J]. Journal of International Money & Finance Pubilcsl, 2013, 33 (2): 327 - 357.

［40］Shinichi NISHIOKA，Japan Center for Economic Research，Economic Expansion amid Uncertainty，2018，8：22.

［41］SUEYOSHI T，GOTO M，OMI Y．Corporate governance and firm performance：Evidence from Japanese manufacturing industries after the lost decade［J］．European Journal of Operational Research，2010，203（3）：724 – 736.

［42］SHIGEKI SHIBATA．Emerging countries dilemmas in multilateral frameworks：The case of the Japanese "miracle"［J］．Asian Education and Development Studies，2018，7（4）．

［43］TETSUJI TANAKA，NOBUHIRO HOSOE.Does agricultural trade liberalization increase risks of supply – side uncertainty?：Effects of productivity shocks and export restrictions on welfare and food supply in Japan［J］．Food Policy，2011，36（3）．

［44］TOBIAS D KETTERER，DANIEL M BERNHOFEN，CHRIS MILNER.The impact of trade preferences on multilateral tariff cuts：Evidence for Japan［J］．Journal of The Japanese and International Economies，2015，38.

［45］LEE SEUNGYOON，LEE EUN KYUNG，HAN JIN HYEON.Short – term Forecasting System Using Machine Learning and MIDAS Models［EB/OL］．https：//www. bok. or. kr/eng/main/main. do.

［46］KDI Feature Article［R/OL］．［2017 – 12 – 06］．Analysis on the Recent Employment Growth and Outlook for 2018．https：//ssrn. com/ abstract = 3108371.